SCHNELLES GELD IN EINEM MONAT.

SCHNELLES GELD IN EINEM MONAT

von: D.K. Hawkins
Serie "Schnelles Geld"
Version 1.1 ~November 2022
Veröffentlicht von D.K. Hawkins bei KDP
Copyright ©2022 by D.K. Hawkins. Alle Rechte vorbehalten.

Kein Teil dieser Veröffentlichung darf ohne vorherige schriftliche Genehmigung der Herausgeber in irgendeiner Form oder mit irgendwelchen Mitteln, einschließlich Fotokopien, Aufzeichnungen oder anderen elektronischen oder mechanischen Methoden oder mit Hilfe eines Informationsspeicher- oder -abrufsystems, vervielfältigt, verbreitet oder übertragen werden, mit Ausnahme von sehr kurzen Zitaten in kritischen Rezensionen und bestimmten anderen nichtkommerziellen Verwendungen, die nach dem Urheberrecht zulässig sind.

Alle Rechte vorbehalten, einschließlich des Rechts auf vollständige oder teilweise Vervielfältigung in jeder Form.

Alle Angaben in diesem Buch wurden sorgfältig recherchiert und auf ihre sachliche Richtigkeit überprüft. Der Autor und der Herausgeber übernehmen jedoch keine Garantie, weder ausdrücklich noch stillschweigend, dass die hierin enthaltenen Informationen für jede Person, jede Situation oder jeden Zweck geeignet sind, und übernehmen keine Verantwortung für Fehler oder Auslassungen.

Der Leser übernimmt das Risiko und die volle Verantwortung für alle Handlungen. Der Autor kann nicht für Verluste oder Schäden verantwortlich gemacht werden, die sich aus den in diesem Buch enthaltenen Informationen ergeben, seien es Folgeschäden, zufällige Schäden, besondere Schäden oder sonstige Schäden.

Alle Bilder sind frei verwendbar oder von Stockfoto-Websites erworben oder lizenzfrei für die kommerzielle Nutzung. Ich habe mich bei der Erstellung dieses Buches auf meine eigenen Beobachtungen sowie auf viele verschiedene Quellen gestützt, und ich habe mein Bestes getan, um Fakten zu überprüfen und Quellenangaben zu machen, wo sie angebracht sind. Sollte Material ohne entsprechende Erlaubnis verwendet worden sein, kontaktieren Sie mich bitte, damit das Versehen korrigiert werden kann.

Die in diesem Buch enthaltenen Informationen dienen nur zu Informationszwecken und sind nicht als Quelle für Ratschläge oder Kreditanalysen in Bezug auf das dargestellte Material gedacht. Die in diesem Buch enthaltenen Informationen und/oder Dokumente stellen keine Rechts- oder Finanzberatung dar und sollten niemals ohne vorherige Rücksprache mit einem Finanzfachmann verwendet werden, um festzustellen, was für Ihre individuellen Bedürfnisse am besten geeignet ist.

Der Herausgeber und der Autor geben keine Garantie oder andere Versprechen hinsichtlich der Ergebnisse, die durch die Verwendung des Inhalts dieses Buches erzielt werden können. Sie sollten niemals eine Investitionsentscheidung treffen, ohne vorher Ihren eigenen Finanzberater zu konsultieren und Ihre eigenen Nachforschungen und Sorgfaltsprüfungen durchzuführen. Soweit gesetzlich zulässig, lehnen der Herausgeber und der Autor jegliche Haftung für den Fall ab, dass sich die in diesem Buch enthaltenen Informationen, Kommentare, Analysen, Meinungen, Ratschläge und/oder Empfehlungen als ungenau, unvollständig oder unzuverlässig erweisen oder zu Investitions- oder anderen Verlusten führen.

Der in diesem Buch enthaltene oder zur Verfügung gestellte Inhalt stellt keine Rechts- oder Anlageberatung dar, und es wird keine Beziehung zwischen Anwalt und Mandant begründet. Der Herausgeber und der Autor stellen dieses Buch und seinen Inhalt auf einer "wie besehen"-Basis zur Verfügung. Die Nutzung der Informationen in diesem Buch erfolgt auf eigene Gefahr.

INHALTSVERZEICHNIS.

INHALTSVERZEICHNIS. 4

EINFÜHRUNG. 6

DIE BESTEN MÖGLICHKEITEN, IN EINEM MONAT SCHNELL GELD ZU VERDIENEN. 9

    1. Verkauf von gebrauchten Artikeln. 9

    2. Telemarketing. 12

    3. Hausversteigerung. 16

    4. Freiberufliches Schreiben. 19

    5. Dateneingabe. 24

    6. Teilzeit-Büroreinigung. 26

    7. Fahrzeugwerbung. 31

    8. Geld verdienen als Affiliate in einem Monat. 33

    9. Müllsammeln in Ihrer Nachbarschaft. 39

    10. Liegenschaften. 41

    11. Digitales Produktmarketing. 45

    12. Artikel schreiben. 49

    13. Flipping-Websites. 52

    14. Online-Grafiken. 55

    15. Kostenlose Angebote für die E-Mail-Anmeldung. 58

    16. Teppichreinigungsgeschäft. 62

    17. Ebooks schreiben. 66

18. Bezahlte Umfragen. 71

19. FX-Handel. 74

20. Listenerstellung. 78

21. Fotografie. 85

22. Presseinformation. 89

23. eBay. 93

24. Marketing-Videos und Video-Websites. 98

25. Joint Venture. 101

26. Online-Auktionen. 108

27. Verweise. 110

SCHLUSSFOLGERUNG. 112

EINFÜHRUNG.

Wenn Sie wissen, wie Sie innerhalb eines Monats schnell viel Geld verdienen können, können Sie auf einem Goldhaufen sitzen, bevor Ihr Nachbar Ihren Plan entdeckt.

Wenn Sie Zeit im Internet verbringen, werden Sie viele Techniken kennen lernen, mit denen Sie schnell Geld verdienen können. Sie sollten sich jedoch bewusst sein, dass diese Methoden oft gefährlich sind. In einigen Fällen können Sie auch den Inhalt Ihrer Brieftasche verlieren. In einem solchen Fall sollten Sie sich fragen, ob es sich lohnt, die Gefahr einzugehen.

Der beste Ansatz, um zu lernen, wie man schnell viel Geld verdienen kann, ist, ins kalte Wasser zu springen und sich die Füße nass zu machen. Experimentieren Sie mit den in diesem Buch besprochenen Methoden und sehen Sie, ob sie so viel Geld einbringen, wie sie behaupten. Sie werden keinen großen Verlust erleiden, wenn es scheitert, denn es steht wenig auf dem Spiel. Stellen Sie sich jedoch vor, wie Ihre Finanzen aussehen könnten, wenn sich eine dieser Strategien als Meisterleistung erweist. Je mehr Sie darüber nachdenken, desto mehr werden Sie diese Strategien meiden.

Es gibt unzählige Beispiele für dieses Konzept im Internet. Sie können glauben, dass einige von ihnen unerreichbar sind. Aber was soll's? Sie können immer noch versuchen, Millionen von Dollar zu bekommen!

Wenn Sie innerhalb eines Monats schnell Geld brauchen, versuchen Sie, was ich getan habe. Ich verdiene heute mehr Geld als in meinem vorherigen Geschäft, und Sie können das auch, wenn Sie dieses Buch gründlich lesen.

Stellen Sie sich vor, Sie könnten Ihr Geld jeden Monat verdreifachen, und das mit geringem oder gar keinem Risiko! Lesen Sie die in diesem BUCH besprochenen Konzepte, um herauszufinden, WIE Sie Ihr Kapital mit Hilfe der darin aufgeführten einfachen

Ideen zum Geldverdienen zu Ihrer ersten Million Dollar aufstocken können.

Lassen Sie uns beginnen.

DIE BESTEN MÖGLICHKEITEN, IN EINEM MONAT SCHNELL GELD ZU VERDIENEN.

1. Verkauf von gebrauchten Artikeln.

Vielleicht ist die Kabelfernsehrechnung diesen Monat höher als sonst, oder unvorhergesehene Ausgaben haben Ihre Finanzen belastet. Aus welchem Grund auch immer, viele von uns benötigen ein paar zusätzliche Dollar, um bis zum Zahltag über die Runden zu kommen. Je früher wir diese Einnahmen erzielen können, desto besser. Der Wiederverkauf von Gebrauchtwaren ist vielleicht eine der einfachsten Möglichkeiten, um schnell Geld zu verdienen. Es gibt jedoch noch andere Möglichkeiten.

Es ist ein weit verbreiteter Irrglaube, dass der Wiederverkauf kein erfolgreicher Weg ist, um Geld zu verdienen; er kann leicht in einen kontinuierlichen Einkommensstrom verwandelt werden. Wenn Sie ehrlich sind, haben Sie wahrscheinlich viele Waren, die Sie nicht mehr brauchen. Für den Erfolg sind nur Wissen, Ehrgeiz und Hingabe erforderlich. Ein Garagenverkauf ist wahrscheinlich eine der einfachsten Methoden, diesen Prozess in Gang zu setzen.

Wenn es Ihnen so geht wie dem Rest von uns, ist Ihre Garage zweifellos mit unnötigen Dingen vollgestopft. Dabei spielt es keine Rolle, um welche Gegenstände es sich handelt oder in welchem Zustand sie sich befinden. Sie werden erstaunt sein, wie viele Leute an Ihrem kaputten Rasenmäher oder Ihrem vergriffenen Buch interessiert sind.

Sobald Sie all Ihren wertvollen Müll losgeworden sind, können Sie auf der Suche nach verwertbaren Gegenständen an anderen Flohmärkten teilnehmen. Viele Leute veranstalten ihre Flohmärkte inzwischen im Internet, z. B. auf eBay, wo Sie mit

Käufern auf der ganzen Welt in Kontakt treten können und Ihr Erfolg fast garantiert ist.

2. Telemarketing.

Telemarketing ist eine gute Möglichkeit, in einem Monat schnelles Geld zu verdienen, vorausgesetzt, das Unternehmen ist legal und der Zweck der Telemarketing-Anrufe ist besonders, im Gegensatz zum einfachen Anrufen von zufälligen Telefonnummern in ihrer Datenbank, um etwas zu verkaufen.

Die wichtigste Voraussetzung für eine Führungskraft im Telemarketing sind gute Kommunikationsfähigkeiten. Frischgebackene Hochschulabsolventen mit einer Begabung für die jeweilige Sprache und einer guten Stimme sind in der Telemarketingbranche sehr gefragt. Es handelt sich also um einen Beruf, den sich die meisten jungen Menschen wünschen.

Die Einstellung eines Telemarketing-Bewerbers ist recht einfach, da das Bewerbungs-, Vorstellungs-, Auswahl- und Einführungsverfahren unkompliziert und zügig ist. Die Vergütung im

Telemarketing ist angemessen, einschließlich der Löhne und anderer Vergütungen und Vorteile.

In der Regel sind Telemarketing-Jobs mit wechselnden Schichten rund um die Uhr verbunden, um verschiedenen Zeitzonen gerecht zu werden. Daher erhalten Hochschulabsolventen, meist Männer, die bereit sind, auch nachts zu arbeiten, andere Vergütungen und Vorteile. Dies ist ein enormer Vorteil für junge Hochschulabsolventen, die diese Chance mit beiden Händen ergreifen.

Obwohl es viele Arten von Telemarketing gibt, ist der Verkauf auf Provisionsbasis am beliebtesten, da er andere Anreize bietet. Jedem Mitarbeiter im Vertrieb wird ein monatliches oder tägliches Ziel vorgegeben, das ihn anspornt, auf sein Ziel hinzuarbeiten.

Der Mitarbeiter erhält eine beträchtliche Provision und ein Grundgehalt, wenn die Ziele erreicht oder übertroffen werden. Der Verkauf ist der schwierigste Aspekt des Telemarketings, aber viele junge Menschen, unabhängig vom Geschlecht, entscheiden sich heutzutage für diesen Beruf, weil er so verlockend ist.

Aufgrund der weltweiten Beliebtheit des Telemarketings haben große Unternehmen damit begonnen, ihre Telemarketing-Profile an spezialisierte Kontaktzentren auszulagern, die sich auf die Kundenbindung konzentrieren.

Die Tatsache, dass diese großen Unternehmen Callcenter unter ihrem Markennamen betreiben, erhöht die Glaubwürdigkeit von Telemarketing-Jobs. Diese Telemarketing-Jobs sind körperlich nicht sehr anstrengend und bringen keine großen Spannungen mit sich. Es geht nur darum, freundlich zu sprechen und erfolgreich neue Kunden zu gewinnen oder alte Kunden zu halten.

Für die meisten Stellen im Telemarketing wird mindestens ein Bachelor-Abschluss verlangt; daher gibt es viele Bewerber. Der Telemarketing-Sektor hat sich in der Welt des Marketings fest etabliert und die traditionelle Marketing-Branche weit in den Hintergrund gedrängt.

Diese Branche hat eine Menge neuer Konzepte hervorgebracht. Telemarketing-Jobs, die von zu Hause aus ausgeführt werden können, sind der neueste Trend, der an Popularität gewinnt. Diese Möglichkeiten bieten Frauen und älteren Menschen eine bequeme Möglichkeit, von zu Hause aus Geld zu verdienen.

Beim Telemarketing geht es nicht nur darum, leichtes Geld zu verdienen und schnell einen Job zu bekommen. Telemarketing-Profile sind wesentlich einfacher zu bekommen als die meisten anderen; daher ist dieser Beruf nach wie vor ein Favorit unter jungen Menschen.

3. *Hausversteigerung.*

Viele Menschen sind daran interessiert, mit dem Verkauf von Häusern Geld zu verdienen. Alles kann mit Gewinn verkauft werden, nicht nur Häuser. Ein Haus zu einem niedrigen Preis zu kaufen und es zu einem höheren Preis an einen interessierten Käufer weiterzuverkaufen, ist eine großartige Methode, um Geld zu verdienen. Der wichtigste Aspekt ist, einen interessierten Kunden zu finden, der bereit ist, genug zu zahlen, um einen Gewinn zu erzielen.

Gegenwärtig ist das Verkaufen von Häusern eine lukrative Möglichkeit, Geld zu verdienen. Viele Menschen sind daran interessiert, Häuser zu niedrigen Preisen zu kaufen und mit Gewinn an andere Käufer weiterzuverkaufen. Für überraschend viele Menschen ist dies eine Form der Vollzeitbeschäftigung. Sie verdienen mit dem Verkauf von Häusern erhebliche monatliche Provisionen.

Ein negativer Aspekt dieser Branche ist der starke Wettbewerb und das damit verbundene Risiko.

Oft muss ein Händler, der ein Haus zum Wiederverkauf erworben hat, dieses mangels Kunden über einen längeren Zeitraum behalten. Nur selten können sie Personen finden, die daran interessiert sind, ein Haus von ihnen zu erwerben.

Dies kann zu erheblichen Verlusten für den Wiederverkäufer oder Händler führen. Außerdem müssen die Wiederverkäufer ihre Preise so niedrig wie möglich halten, da der Wettbewerb sehr groß ist, um ein Haus schnell und einfach zu verkaufen.

Es gibt viele Möglichkeiten, um in dieser Branche erfolgreich zu sein. Das bedeutet jedoch nicht, dass es schwierig ist, mit dem Verkauf von Häusern Geld zu verdienen. Wenn man strategisch vorgeht und gut organisiert ist, kann man mit diesem Geschäft genug Geld verdienen.

- Mietverträge, Rent-to-Own-Programme usw. sind einige der Möglichkeiten, die Ihnen helfen können, schnell Geld zu verdienen und potenzielle Käufer anzuziehen.

- Sie müssen auch Ihren spezifischen Markt identifizieren, um den Marktbedingungen besser folgen zu können.

- Kaufen Sie ein Haus, das reparaturbedürftig oder unvollständig ist. Diese sind leicht und kostengünstig erhältlich und können Ihnen helfen, schnelle Gewinne zu erzielen, wenn Sie sie möbliert verkaufen.

- In diesem Fall sollte jedoch auf die Lage des Hauses geachtet werden. Die ideale Lage einer Immobilie kann Ihnen helfen, sie zu einem höheren Preis zu verkaufen.

In jedem Fall müssen Sie über ausreichende Kenntnisse im Bereich der Immobilieninvestitionen verfügen. Außerdem sollten Sie die Preise für Reparaturen und Renovierungsarbeiten sorgfältig abschätzen. Auch hier kann eine Unterschätzung der Kosten zu Verlusten führen.

4. Freiberufliches Schreiben.

Die Logik besagt, dass man als freiberuflicher Schriftsteller umso mehr Geld verdient, je mehr man schreibt. Wenn Sie die richtige Einstellung haben, ist es einfach, mehr zu schreiben und mehr Geld zu verdienen.

Sie brauchen Lösungen, die es Ihnen ermöglichen, während der Ihnen zugewiesenen Schreibzeit zu schreiben.

Ich habe meine Prozesse verfeinert und tue dies auch weiterhin, um mehr zu schreiben und mehr Geld zu verdienen. Mein Ziel ist es, mein monatliches Schreibeinkommen zu verdoppeln und, wenn möglich, zu vervierfachen.

Das müssen Sie auch tun. Sie sind ein Individuum mit Kräften und einem begrenzten Zeitlimit. Entwickeln Sie ein System, das für Sie richtig funktioniert. Ändern Sie es, wenn Sie mehr schreiben und mehr Geld mit Ihren Worten verdienen.

Sie müssen sich jedoch auf Ihr Denken konzentrieren, bevor Sie Ihr System entwerfen.

Hier sind fünf Empfehlungen, die Ihnen helfen, die richtige Mentalität zu entwickeln, um Ihr monatliches Schreibeinkommen zu erhöhen oder zu verdreifachen:

Planen Sie Ihre Zeit - ein Wort nach dem anderen; Sie machen Geld.

Ziele sind in Ordnung, aber sie können nicht "erledigt" werden. Sie können nur Aufgaben erledigen, die zur Erreichung Ihrer Ziele beitragen. Planen Sie jede Aufgabe und halten Sie sich an diesen Plan. Meine derzeitigen Planungstools sind iCal auf meinem Mac und das Webprogramm BackPack.

Träumen Sie groß - Sie können nur erreichen, was Sie sich vornehmen.

Ihre Ziele sollten so ehrgeizig sein, dass Sie sich nicht einschüchtern lassen. Dann müssen Sie sich angewöhnen, sich vorzustellen, wie Ihr Leben nach Erreichen eines bestimmten Ziels aussehen wird. Stellen Sie sich selbst an diesem neuen Ort vor.

Ihre Kreativität ist phantasievoll. Sportexperten zufolge können Sie einen Erfolg erreichen, wenn Sie ihn sehen können. Verbringen Sie daher jeden Tag damit, sich vorzustellen, dass Sie Ihren derzeitigen großen Traum erreicht haben.

Machen Sie sich keine Gedanken darüber, WIE Sie diesen Traum erreichen werden. Sie werden die Mittel entdecken, wenn Ihre Vorstellungskraft die Vision zum Leben erweckt.

Erweitern Sie Ihre Ziele immer wieder, auch nachdem Sie sie erreicht haben.

Sobald Sie sich daran gewöhnt haben, Ihren großen Traum zu verfolgen, und zuversichtlich sind, dass Sie ihn erreichen werden, erweitern Sie ihn. Sie müssen sich Ziele setzen, die über Ihre Ziele hinausgehen. Wenn Sie dies nicht tun, werden Sie in die sichere und anspruchslose Routine vor dem Erreichen Ihres Ziels zurückfallen.

Stellen Sie sich darauf ein, dass Sie sich unwohl und verwirrt fühlen.

Verwirrung ist positiv. Sie verbringen zu viel Zeit in Ihrer Komfortzone, wenn Sie nicht mindestens ein Viertel Ihrer Zeit damit verbringen, verwirrt zu sein und sich zu fragen, was Sie da tun. Sie werden verwirrt sein über Marktplätze, Ihren Text und wie Sie ein Projekt verfassen. Verwirrung ist nicht nur positiv, sie ist fantastisch und zeigt, dass Sie Ihre Komfortzone verlassen haben. Schreiben Sie weiter; was Sie heute noch verwirrt, wird morgen zur Routine werden.

Tun Sie es einfach - diskutieren Sie nicht über Ihr Schreiben.

Schriftsteller haben einen Hang zu übermäßiger Wortklauberei. Es fällt ihnen leicht, um Bestätigung zu bitten oder sogar zu prahlen. Leider sind die Menschen, die Sie um Rat bitten, selten qualifiziert, ihn zu geben. Auch wenn sie gute Absichten haben, werden sie Ihre Bemühungen untergraben, und diejenigen, denen gegenüber Sie sich rühmen, werden schnell zu Ihren Feinden; das ist die menschliche Natur.

Hören Sie auf zu sprechen und beginnen Sie zu schreiben. Es ist das Schreiben, das zählt.

Sie sehen also: Wenn Sie die richtige Einstellung kultivieren, werden Sie nicht nur mehr schreiben, sondern auch Ihre monatlichen Einnahmen leicht verdoppeln oder verdreifachen können.

5. Dateneingabe.

Die Aufgaben der Dateneingabe haben sich im Laufe der Zeit erheblich weiterentwickelt. Viele der derzeit in dieser Branche verfügbaren Mitarbeiter sind nicht traditionell und erfordern keine Fachkenntnisse, wie z. B. bei der Dateneingabe. Bei diesen lukrativen Jobs geht es um die Schaltung von Internet-Anzeigen zur Förderung von Internet-Unternehmen.

Obwohl diese Berufe immer beliebter werden, wissen viele Menschen nicht, dass es sie gibt. Aufgrund ihrer Flexibilität und Freiheit sind sie ideal für Hausfrauen und Mütter, die zu Hause bleiben. Zehntausende von Online-Unternehmen arbeiten täglich mit diesen Hobby-Tippern und zahlen recht gut.

Jobs zur Dateneingabe gibt es schon seit einigen Jahren, aber die Systeme haben sich seit 2005 erheblich weiterentwickelt und verbessert. Bei der Suche nach dieser Art von Beschäftigung ist es immer eine gute Idee, sich umzusehen, da einige Unternehmen veraltete Schulungsmethoden anwenden, die nicht funktionieren.

Die Dinge ändern sich im Laufe der Zeit, wenn es um Marketing geht, und etwas, das letztes Jahr für Sie funktioniert hat, funktioniert vielleicht dieses Jahr nicht mehr. Ein Neuling kann das nicht wissen, deshalb ist es wichtig, sich vor dem Start eines Internetgeschäfts zu informieren. Ein zuverlässiges Unternehmen für die Dateneingabe zu finden, ist wie die Suche nach der Nadel im Heuhaufen, aber wenn man es gefunden hat, kann es ein lebenslanger Beruf sein.

Die nicht-traditionelle Dateneingabe ist die beste Option für alle, die ein Teilzeit- oder Vollzeiteinkommen suchen. Es ist die einfachste Methode, um ohne eine Website ein relativ schnelles Interneteinkommen zu erzielen. Man kann von einigen Stunden pro Woche bis zu mehreren Stunden pro Tag von zu Hause aus arbeiten und trotzdem ein anständiges Monatseinkommen erzielen.

6. Teilzeit-Büroreinigung.

Sicherlich werden Sie zustimmen, dass der schönste Job der Welt der ist, bei dem Sie für sich selbst arbeiten, Ihre Arbeitszeiten selbst bestimmen und zusehen können, wie sich Ihr Gehalt jedes Jahr verdoppelt, aber wo und wie fangen Sie an?

Gründen Sie ein Unternehmen für Büroreinigung! Wenn Sie das Internet durchstöbern, werden Sie mit Möglichkeiten überschüttet, von denen die meisten bestenfalls zweifelhaft sind. Sie können sich jedoch denjenigen anschließen, die mit einer Teilzeitbeschäftigung ein Vollzeiteinkommen erzielen, ohne das damit verbundene Risiko einzugehen.

Reinigen kann jeder, aber die "Kontoführung" ist entscheidend. Bevor Sie sich um Ihren ersten Auftrag bemühen, müssen Sie über die wenigen Güter verfügen, die für die Reinigung eines Büros erforderlich sind, sowie über einen professionellen Dienstleistungsvertrag. In diesem Vertrag sollte festgelegt werden, was gereinigt wird, wie es gereinigt wird, wann es gereinigt wird usw., und wie hoch die Kosten sind. Nicht stundenweise, sondern projektbezogen!

Überprüfen Sie die staatlichen und örtlichen Vorschriften und Verordnungen, um festzustellen, ob es zusätzliche Anforderungen für Reinigungs-/Hausmeisterpersonal gibt, wie z. B. Bürgschaften und Zulassungen. Im Vertrag müssen Haftung, Zahlungsfristen, Kündigung und andere rechtliche Fragen geregelt werden. Im Internet finden Sie viele Beispiele für solche Verträge.

Nun müssen Sie Kunden akquirieren. Sie können mit einfachen Anzeigen in lokalen Kleinanzeigen oder Flugblättern beginnen. Erstellen Sie ein attraktives, professionelles Flugblatt mit dem Namen Ihres Unternehmens, Ihren Leistungen, Ihrem Namen (und ob Sie eine Haftpflichtversicherung haben), Kontaktinformationen und der Erklärung, dass Sie bereit sind, zu einem Gespräch vor Ort zu kommen und ein Angebot zu unterbreiten.

Sprechen Sie kleinere Bürogebäude und Bürokomplexe an. Fragen Sie die Büroleiter einiger Büros, ob sie mit der Sauberkeit an ihrem Arbeitsplatz zufrieden sind. Erkundigen Sie sich, ob es einen Gebäudemanager gibt und wie man ihn kontaktieren kann. Machen Sie dies mit mehreren Büros im gesamten Gebäude, um besser zu verstehen, wie gut der bestehende Reinigungsdienst arbeitet.

Sprechen Sie dann den Verwalter an und bitten Sie um ein Gespräch oder einen Termin. Bringen Sie zu dem Treffen Ihren Flyer, Ihre Visitenkarte und Ihr Einführungsschreiben mit. Nachdem Sie einige Kunden gewonnen haben, sollten Sie eine Liste mit Referenzen und Zeugnissen beifügen.

Sobald Sie einige zufriedene Kunden haben, können Sie sie um Zeugnisse und Empfehlungen bitten. Vergewissern Sie sich, dass sie zuverlässig sind, eine Bürgschaft übernehmen und schnell und kostengünstig arbeiten! Wenn Ihr Unternehmen expandiert, werden Sie Unterstützung benötigen.

Informieren Sie sich darüber, was Sie als Arbeitgeber tun müssen, z. B. in Bezug auf Steuern, Arbeitsunfallversicherung usw. Bereiten Sie auch einen Notfallplan für den Fall vor, dass einer oder mehrere Ihrer Mitarbeiter eines Abends ausfallen. Sie können aber auch klein bleiben und sich ganz auf sich selbst und Ihre Familie verlassen.

Mit einer Teilzeitbeschäftigung in der Büroreinigung können Sie sich das nötige Geld dazuverdienen. Sie arbeiten abends für ein paar Stunden und können täglich, wöchentlich oder monatlich bezahlt werden. Es ist eine relativ schnelle, kostengünstige und einfache Möglichkeit, sich ein zusätzliches Einkommen zu verschaffen. Probieren Sie es aus!

Je früher Sie damit anfangen, desto schneller werden Sie innerhalb eines Monats zusätzliches Geld verdienen! Kate Carpenter reinigt seit über zehn Jahren Arbeitsplätze und hat ihre jährlichen Einnahmen um Zehntausende gesteigert, ohne viel Zeit oder Geld zu investieren. Büroreinigung ist eine der besten und einfachsten Möglichkeiten, Geld zu verdienen.

7. Fahrzeugwerbung.

Im Sommer ist jeder auf der Suche nach Möglichkeiten, schnelles Geld zu verdienen. Man muss sich nicht um einen Job bemühen oder eine neue Fähigkeit erlernen, wenn man mit Autowerbung schnelles Geld verdienen kann. Mit einer revolutionären neuen Form der Werbung bezahlen Unternehmen Sie jetzt dafür, dass Sie Werbung auf Ihrem Fahrzeug anbringen.

Sie wollen oder brauchen ein Auto, haben aber keins? Unternehmen sind bereit, nagelneue Autos mit vormontierter Werbung zu kaufen, die Sie fahren können. Sie müssen nur für Benzin und Versicherung aufkommen.

Es gibt keine Bedingungen, nur hartes Geld. Es genügt, wenn Sie Ihren täglichen Aktivitäten nachgehen. Normalerweise müssen 200 bis 300 Meilen pro Monat gefahren werden, aber das ist leicht zu erreichen, indem man zur Arbeit, zum Einkaufszentrum oder sonst wohin fährt. Dies ist die

Hauptbedingung, die leicht zu erfüllen ist, so dass Sie jeden Monat einen erheblichen Betrag an schnellem Geld erhalten können.

Bevor Sie ein Unternehmen beauftragen, müssen Sie sich vergewissern, dass dessen Website seriös ist. Viele Websites werben mit absurden Beträgen, z. B. 6.000 Dollar pro Monat. Sie werden keine BMWs oder Corvettes erhalten, sondern ein nagelneues Auto.

Normalerweise liegt der durchschnittliche monatliche Geldfluss zwischen 600 und 800 Dollar. Dies hängt von dem Auto ab, das Sie besitzen, von der Bevölkerungsdichte in Ihrer Stadt und von der durchschnittlichen Anzahl der Kilometer, die Sie jeden Monat fahren.

Dies ist jedoch nur ein vorübergehender Betrag, den Sie jeden Monat erhalten. Wenn Sie einen großen Lkw besitzen, erhalten sie deutlich mehr, zwischen 2.000 und 3.000 Dollar pro Monat, wenn das gesamte Fahrzeug versichert ist.

8. Geld verdienen als Affiliate in einem Monat.

Online-Einkommensgenerierung hat weltweit stark an Popularität gewonnen. Da Millionen von Menschen das Internet nutzen, um nach Produkten und Dienstleistungen zu suchen, haben viele Unternehmen und Einzelpersonen ihre Aktivitäten ins Internet verlagert. Gleichzeitig suchen viele Nutzer nach Möglichkeiten, schnell und bequem Geld zu verdienen. Sind Sie auch auf der Suche nach solchen Konzepten? Hier erfahren Sie, wie Sie in einem Monat Geld verdienen können.

In Wirklichkeit ist es gar nicht so einfach, online Geld zu verdienen, aber es gibt ein paar seltene Geheimnisse des Geldverdienens, die schnell zu bemerkenswerten Ergebnissen führen können. Das ist es, was sich die meisten Menschen wünschen.

Bei Ihrer Suche nach einer praktikablen Methode, um in einem Monat Geld zu verdienen, müssen Sie sich darüber im Klaren sein, dass Sie die

Vorgehensweise von Tausenden von Menschen kopieren müssen. Sie können jedoch innerhalb eines Monats enormen Reichtum anhäufen, weil Sie die Technik anders anwenden müssen. Wie Sie in diesem Abschnitt entdecken werden, ist der Unterschied in der Regel bescheiden, kann aber Ihr Leben erheblich beeinflussen.

Nun, das grundlegende Konzept ist das Affiliate-Marketing. Wenn Sie in diesem Moment frustriert sind, weil Sie über ein stark gesättigtes Thema lesen, werden Sie den einzigartigen Gedanken verpassen, der folgt. Wenn Sie herausfinden wollen, wie Sie in einem Monat Geld verdienen können, sollten Sie diesen Businessplan wählen.

Hier sind die einfachen und effizienten Maßnahmen, die Sie ergreifen müssen, um in einem Monat ein großes Einkommen zu erzielen:

Recherchieren Sie eine profitable Nische und registrieren Sie einen einprägsamen, schlüsselwortreichen Domänennamen. Wählen Sie zwischen der Erweiterung.com oder.info. Sie sollten die Endung.com wählen, weil sie professioneller wirkt und mehr Klicks generiert als andere Endungen. Ein Domänenname sollte jährlich nicht mehr als 125 $ kosten.

Orientieren Sie sich an Ihrer gewählten Nische und suchen Sie nach einem Produkt, das eine hohe Provision für Leads bietet, die über Ihren Partnerlink generiert werden. Der Erfolg liegt in der Auswahl der lukrativsten Nische mit einer hohen Konversionsrate. Suchen Sie daher ein seriöses CPA-Netzwerk (Cost-per-Action) und erstellen Sie ein Affiliate-Konto.

Warum sollten Sie Cost-per-Acquisition-Angebote anstelle von Pay-per-Sale-Angeboten fördern?

Denken Sie daran, dass es eine dauerhafte Antwort darauf gibt, wie Sie in einem Monat Geld verdienen können. Beim CPA-Affiliate-Marketing müssen Sie sich keine Gedanken über Rückbuchungen oder Rückerstattungen machen, da die von Ihnen generierten Leads nichts bezahlen müssen.

Sobald die Leads ihre Kontaktinformationen auf der Squeeze-Seite angeben, werden sie in die Mailing-Liste des Unternehmens aufgenommen, das Sie vermarkten, und Sie erhalten Provisionen für erfolgreiche Einträge.

Ein zweiter Grund, warum CPA-Angebote eine wunderbare Methode sind, um mit Affiliate-Marketing zu beginnen, ist, dass viele Menschen nach kostenlosen Angeboten suchen. Daher melden sie sich gerne auf Squeeze-Seiten für diese Angebote an.

Bei der Suche nach CPA-Angeboten in Ihrer Nische sollten Sie sich vor Betrügern in Acht nehmen. Außerdem sind nicht alle echten Angebote profitabel. Sie können sie testen, indem Sie Traffic zu jedem einzelnen Angebot schicken, bis Sie das vorteilhafteste Angebot finden.

Als Blogger müssen Sie Ihre CPA-Links in Ihre Blogeinträge einfügen. Sie können auch einschlägige Banner verwenden. Konfigurieren Sie einfach die URL-Umleitung im Dashboard Ihres Domain-Kontos, wenn Sie sie nutzen möchten. Leiten Sie den Affiliate-

Link auf die Landing Page des Produkts um. Anders als beim Bloggen ist nur ein Link erlaubt.

PPC-Marketingmethoden sind der schnellste Weg, um Einnahmen aus einem Produkt oder einer Dienstleistung zu erzielen. Wenn Sie also zwei oder mehr CPA-Angebote vermarkten wollen, müssen Sie eindeutige Domainnamen registrieren. Wenn Sie ein äußerst lukratives Angebot erhalten, sollten Sie mit nur einem auskommen können. Finden Sie Wege, um es über kontextbezogene oder grafische Werbung zu bewerben.

Der nächste wichtige Schritt ist die Generierung von gezieltem Traffic für Ihren Link (oder Ihre Links). Ohne Traffic ist eine Konversion unmöglich. Es ist möglich, auf eine oder mehrere der folgenden Arten Traffic zu generieren:

- Nutzen Sie PPC-Suchmaschinen und PPV-Netzwerke als gezielte Traffic-Quellen. Wählen Sie zwischen Adwords, MSN-Anzeigen und Yahoo!
- Veröffentlichen Sie Online-Videos.

- Schalten Sie Kleinanzeigen, insbesondere für Websites, die umgeleitet wurden. Für SEO-Zwecke sollten Sie die Nutzung von Kleinanzeigen-Websites in Ihrem Blog minimieren. Verwenden Sie stattdessen Sub-Domains.
- Nutzen Sie gute Artikel, um Ihre Partnerlinks zu bewerben.

Nachdem Sie eine erfolgreiche Marketingkampagne für ein CPA-Angebot eingerichtet haben, können Sie mit der Werbung für ein anderes Angebot fortfahren.

Die oben beschriebenen Techniken sollten Ihre Frage beantwortet haben, wie Sie in einem Monat Geld verdienen können. Der Schlüssel liegt darin, herauszufinden, was erfolgreiche Personen tun und darauf aufzubauen. Gehen Sie jetzt auf Ihr Glück los!

9. Müllsammeln in Ihrer Nachbarschaft.

Wie man mit der Reinigung der Nachbarschaft schnell Geld verdienen kann: Der Plan ist, Mülltonnen für den gewerblichen Gebrauch zu kaufen. Ja, dieses Unternehmen verdient Geld mit Abfall.

Nach dem Kauf von Mülleimern stellen Sie diese in stark frequentierten Bereichen auf. Der Grund dafür ist, dass Sie die Werbefläche auf den Mülltonnen für etwa 50 Dollar pro Monat verkaufen. Sie profitieren nicht vom Müll selbst, aber jede Person, die Ihre Mülleimer benutzt, ist gleichbedeutend mit einer Einzahlung auf Ihr Bankkonto.

Das Ziel ist es, VIELE Mülleimer zu haben. 100-500, zum Beispiel. Wenn Sie wollen, dass Sie keine Hände brauchen, müssen Sie die Firmeninhaber bitten, die Mülleimer nach Bedarf zu leeren. Sie können einen Teil der Einnahmen aus jeder Tonne verwenden, um die anderen Arbeitskosten zu decken.

Dies hilft bei der Säuberung des Gebiets und ermöglicht es Ihnen, von Ihren Bemühungen zu profitieren.

Wenn Sie der Meinung sind, dass Werbung auf all diesen Mülleimern für die Zuschauer unangenehm wäre, können Sie den Werbeplatz auch als Sponsoring verkaufen, indem Sie Unternehmen bitten, einen Mülleimer zu sponsern, und die Zuschauer auffordern, unsere Sponsoren zu unterstützen. Auf diese Weise tragen die Unternehmen zur Säuberung der Stadt bei, und die Bürger sind sich bewusst, dass dafür Kreativität erforderlich ist.

10. Liegenschaften.

Es gibt viele Möglichkeiten, mit Immobilien schnell Geld zu verdienen. Am weitesten verbreitet ist der Kauf von notleidenden Immobilien, wie z. B. Leerverkäufe, Eigenheime in Bankbesitz und Zwangsversteigerungen. Diese Immobilien eignen sich ideal für die Sanierung, das Umdrehen und den Großhandel.

Der Kauf von zwangsvollstreckten Immobilien hat sich zu einer der lukrativsten Immobilieninvestitionen entwickelt. Diese Immobilien werden in öffentlichen Auktionen verkauft. Die meisten sind reparatur- und renovierungsbedürftig. Viele Personen haben Steuer- oder Gläubigerpfandrechte. Gelegentlich bleiben die Hausbesitzer in ihren Häusern, bis sie durch die Versteigerung vertrieben werden.

Investoren müssen angemessene Nachforschungen anstellen, um die genauen Kosten für den Erwerb von zwangsversteigerten Immobilien zu ermitteln. Die Beseitigung von Pfandrechten oder die Zwangsräumung der ehemaligen Hausbesitzer kann ein zeitaufwändiges und teures Unterfangen sein. Wenn das Haus jedoch seit Monaten leer steht und keine Pfandrechte bestehen, kann eine Zwangsversteigerung eine anständige Rendite bringen.

Wenn bei einer Auktion für ein zwangsversteigertes Haus kein Angebot eingeht, wird das Haus an den Hypothekengläubiger zurückgegeben. Die Investoren müssen sich nun mit der Abteilung für Schadensbegrenzung der Bank in Verbindung setzen, um die Immobilie zu erwerben.

In der Regel liegen die Preise für Immobilien im Besitz von Banken höher als die für zwangsversteigerte Häuser. Sobald die Banken jedoch wieder im Besitz der Immobilie sind, können sie mit den Pfandgläubigern verhandeln, um diese zu entfernen. Die Bank kümmert sich um die Räumung, wenn der Hausbesitzer noch in der Wohnung wohnt.

Da sie mit einem sauberen Titel verkauft werden, kosten bankeigene Immobilien in der Regel weniger als Zwangsversteigerungen. Investoren können die Immobilie schnell in Besitz nehmen und sie für den Wiederverkauf oder die Vermietung renovieren.

Der Immobiliengroßhandel ist eine der besten Möglichkeiten, schnell an Geld zu kommen. Investoren kaufen Immobilien zu Preisen unter dem Marktwert. Dies kann durch den Kauf von Nachlassimmobilien oder Bankportfolios mit vielen Immobilien geschehen.

Großhändler verkaufen Immobilien in ihrem aktuellen Zustand. Sie führen keine Reparaturen an den Häusern durch. Stattdessen erwerben sie renovierungsbedürftige Wohnungen, die sie dann mit Gewinn weiterverkaufen. Gewinnspannen zwischen 10 und 40 Prozent pro Immobilie sind typisch für Immobilienhändler.

Beim "House Flipping" geht es darum, Immobilien zu finden, deren Preis drastisch unter dem Marktwert liegt, sie zu sanieren und mit Gewinn zu verkaufen. In der Vergangenheit war das "House Flipping" die beliebteste Strategie, um schnelles Geld mit Immobilien zu verdienen. Angesichts des derzeitigen wirtschaftlichen Abschwungs müssen Investoren die Vor- und Nachteile dieser Strategie sorgfältig abwägen.

Um mit dem Verkauf von Häusern erfolgreich zu sein, müssen Investoren ein solides Käufernetzwerk aufbauen. Dies kann zum Teil durch die Mitgliedschaft in Immobilienclubs erreicht werden. Investmentclubs sind ein hervorragender Ort, um qualifizierte Käufer zu finden und exklusive Tipps, Methoden und Techniken zu entdecken. Investmentclubs bieten viele Möglichkeiten, Partnerschaften und Geschäftspartner zu finden.

Dies sind einige Möglichkeiten zum Aufbau einer soliden Immobilien-Investmentfirma, die Resteinnahmen und laufende Gewinne bringen kann. Das Internet, Networking und das Abonnieren von Zeitschriften und Newslettern für Immobilieninvestitionen bieten Investoren, die ihr

Wissen erweitern möchten, eine Fülle von Informationen.

11. Digitales Produktmarketing.

Der Verkauf von digitalen Artikeln wie Berichten, Audiodateien, Videodateien und eBooks ist eine hervorragende Möglichkeit. Dies hat den enormen Vorteil, dass kein Inventar erforderlich ist; Sie müssen nur Zeit und Geld in die Erstellung der ersten Kopie investieren, danach ist es eine kostenlose Geldquelle. Damit können Sie auf zwei Arten Einnahmen erzielen:

Erstens durch den Verkauf des Produkts selbst oder durch ein Abonnement dafür. Dies führt zu Einnahmen pro Verkauf oder pro Monat.

Die zweite Möglichkeit muss sich nicht gegenseitig ausschließen, da eBooks und Berichte Affiliate-Links enthalten können. Wenn ein Kunde Ihr Produkt kauft und auf einen Link klickt, um ein empfohlenes Produkt zu kaufen, erhalten Sie ebenfalls eine Provision.

Dieser Markt ist äußerst lukrativ, und der Wettbewerb um digitale Produkte wird immer härter. Hier sind ein paar Vorschläge, wie Sie sich einen Vorteil gegenüber der Konkurrenz verschaffen können:

Suchen Sie sich ein Thema aus, für das Sie sich begeistern können, für das Sie eine Begabung haben. Wenn Ihnen ein Thema Spaß macht, sollten Sie von vornherein über umfangreiches Hintergrundwissen verfügen.

Wenn Sie sich für Astrophysik interessieren, können Sie sich über die Planeten, das Sonnensystem, historische Astrophysiker wie Kepler und Newton usw. informieren.

Zweitens: Seien Sie genau mit Ihren Informationen. Um im Online-Marketing erfolgreich zu sein, müssen Sie relevante und wertvolle Informationen geben. Vergewissern Sie sich, dass Sie Ihr Eigentum recherchieren und sich in Zitaten auf das Material anderer Personen beziehen. Das

Kopieren von Personen kann riskant sein, wenn diese die falschen Informationen verwenden.

Drittens, schweifen Sie nicht vom Thema ab. Die Leute, die Ihre Informationen lesen, werden wissen wollen, was Sie ihnen zum Lesen vorgesetzt haben.

Um auf das Beispiel der Astrophysik zurückzukommen: Nehmen wir an, Ihre Informationen sind mit "Grundlagen der Astrophysik" überschrieben. Überlegen Sie, welche Fragen Sie auf einer grundlegenden Ebene stellen würden, z. B.

- Was sind die Planeten in unserem Sonnensystem?
- Wie genau hat sich das Sonnensystem gebildet?
- Welchen Einfluss hat die Schwerkraft auf das Sonnensystem?

Wenn der Titel nicht darauf hinweist, sollten Sie keine Theorie und keine Informationen enthalten, die die meisten Menschen verstehen können. Das Letzte, was Sie wollen, ist, dass jemand, der auf der Suche nach Informationen ist, auf eine Seite mit weitaus fortgeschritteneren Informationen stößt, als er bewältigen kann; das wird ihn mit Sicherheit ganz von Ihrer Website abschrecken.

Einzelpersonen können die Informationen effizienter sortieren, indem sie die Informationen zu jedem Thema in einem separaten eBook oder Papier zusammenfassen.

Wenn Sie etwas kostenlos zur Verfügung stellen, sind die Leute viel eher geneigt, es zu wollen, selbst wenn es einen Link zu einem Produkt enthält, das sie kaufen können. Auf diese Weise werden die Leute Ihr Material lesen, und wenn es gut ist, werden sie Vertrauen in Sie entwickeln und eher bereit sein, das empfohlene Produkt zu kaufen.

Digitale Produkte im Internetmarketing können schwierig sein, aber wenn man sie beherrscht, ist es ein sehr lukrativer Ansatz, um online schnell Geld zu verdienen.

12. Artikel schreiben.

Viele Menschen möchten lernen, wie sie mit der Erstellung von Artikeln Geld verdienen können. In der Regel rate ich ihnen, mindestens drei Monate lang täglich einen oder mehrere Artikel zu verfassen, um langfristig ein nennenswertes Einkommen zu erzielen.

Aber was ist mit denjenigen, die keinen langfristigen finanziellen Gewinn anstreben?

Haben Sie Pech, wenn Sie schnell ein paar hundert Dollar verdienen wollen?

Nicht einmal annähernd. Wenn Sie kompetent im Schreiben von Artikeln sind, ist es extrem einfach, im Internet schnell Geld zu verdienen.

Ich verwende Digital Point und Warrior Forum als Beispiele für große Foren in meinem Bereich. Wenn Sie dort sind, gehen Sie zu den allgemeinen Marketing-Diskussionsforen. Bieten Sie ihnen an,

Artikel zu schreiben, um ihnen bei der Werbung für ihr Produkt zu helfen, wenn sie Fragen zum Produktmarketing haben. Veröffentlichen Sie dann ein oder zwei Nachrichten in jedem Forum und bieten Sie an, Artikel für andere zu schreiben.

Sie werden mit dieser Methode nicht reich werden. Sie haben jedoch angegeben, dass Sie einfach ein paar hundert Dollar haben wollen, richtig? Die meisten Leute zahlen zwischen 4 und 5 Dollar für jeden Artikel, je nach Länge, Qualität usw.

Wenn Sie Erfahrung haben, können Sie wahrscheinlich einen Artikel mit 400 bis 500 Wörtern in etwa 30 Minuten verfassen. Sie können also relativ leicht vier Artikel pro Tag verfassen. Wenn Sie die untere Schätzung von 4 $ pro Artikel zugrunde legen, werden Sie mit dieser Methode etwa 480 $ pro Monat verdienen.

Um mit der Erstellung von Artikeln schnell Geld zu verdienen, sind Foren die beste Wahl. Diese Strategie hat den zusätzlichen Vorteil, dass Sie Ihre Konditionen selbst bestimmen können. Wenn ein

Kunde zehn Artikel benötigt, können Sie fünf am ersten Tag schreiben und eine teilweise oder vollständige Bezahlung bei Lieferung verlangen. In den meisten Fällen möchten die Kunden die Artikel jedoch erst prüfen, bevor sie die Zahlung leisten.

Wenn Sie nicht gerne Zeit in Foren verbringen, können Sie eine der vielen Internetfirmen nutzen, die für Artikel bezahlen. Allerdings werden Sie bei diesen Unternehmen nicht wesentlich mehr verdienen, da sie bei jeder Transaktion, die Sie tätigen, einen Teil Ihrer Einnahmen erhalten. Da diese Unternehmen viele Autoren beschäftigen, würden Sie nicht schnell viel Geld verdienen.

13. Flipping-Websites.

Das Flippen von Websites und Blogs ist eine Methode, um im Internet Geld zu verdienen, die eine anfängliche Investition von Zeit und Geld erfordert; Sie können jedoch durch das Flippen von Websites profitieren.

Wenn Sie Websites verkaufen, sollten Sie schrittweise vorgehen, um Geld zu verdienen. Es gibt viele technische Überlegungen und spezielle Fähigkeiten, die für das Flippen von Websites erforderlich sind. Sie können eine Strategie verfolgen, die eine schnelle und schmutzige Mini-Website erstellt und innerhalb weniger Stunden zu sofortigem Einkommen führt. Wenn Sie die Verfahren befolgen, ist es ziemlich einfach, mit dem Verkauf von Websites zu beginnen.

Hier ist ein Auszug aus dem Handbuch mit Informationen und Anleitungen von A bis Z, in dem der Internetexperte und Flipper Mr. X das gesamte

System demonstriert. Sie können alle Vorgänge in Echtzeit verfolgen.

Von Anfang an haben Sie ein gründliches Verständnis für die Methoden, die erforderlich sind, um durch den Verkauf von Internetseiten Einkommen zu erzielen. Ein einfaches System wird hier beschrieben.

- Wie Sie neue Themen identifizieren und kostenlose E-Mails für weitere Informationen erhalten.
- Wie Sie kostenlos die passenden Keywords für Ihre Nische identifizieren - Wie Sie die Themen auswählen und bestimmte Themenbereiche vermeiden.
- Kenntnisse der Google- und MSN-Recherche und wie man sie durchführt.
- Bestimmen Sie die Verfahren für den Kauf von Domain-Namen und das Wesentliche im Zusammenhang mit den Namen.
- Kostenlose Hosting-Studie für Website-Flipping verwendet.
- Wie man SEO zu finden und fahren Besucher auf Ihre Websites.

- Erhalten Sie kostenlose Website-Vorlagen, die keine Codierung Kenntnisse erfordern. - Erfahren Sie, wie Sie Website-Inhalte erwerben können, ohne die Phrasen selbst zu erstellen.
- Drei wesentliche Elemente für die Monetarisierung Ihrer Website.
- Erwerben Sie eine Strategie, um den Gewinn von $300 auf $30.000 in sechs Monaten zu steigern - Verkaufen Sie Ihre Website, auch wenn Sie keinen Gewinn erwirtschaftet haben - Ratschläge zum Versteigern von Websites und Blogs.

Warum probieren Sie es nicht einmal mit Website-Flipping? Es kann ein profitabler Weg sein, um schnelles Geld in einem Monat zu verdienen.

14. Online-Grafiken.

Nicht mehr nur professionelle Fotografen mit einer Ausrüstung im Wert von Tausenden von Dollar sind in der Lage, atemberaubende Fotos zu machen. Viele Privatpersonen können heute mit einer einfachen Handykamera oder einer hochauflösenden DSLR hervorragende Bilder machen. Sie können ein passives Online-Einkommen erzielen, wenn Sie ein Fotograf sind oder gerne fotografieren.

Auf einigen Websites können Sie Ihre Fotos in jedem beliebigen Format und mit jeder beliebigen Bearbeitung veröffentlichen. Nach dem Hochladen der Bilder haben Sie anderen die Erlaubnis erteilt, sie online zu verwenden. Vermeiden Sie es, bestimmte Personen oder Orte zu verwenden, die Ihre Adresse oder andere sensible Informationen enthalten.

Sobald eine Person ein Foto gekauft hat, kann sie es auf jede beliebige Weise verwenden; Sie möchten also nicht, dass Ihre persönlichen Daten online verbreitet werden.

Die Nutzer benötigen häufig Bilder von Objekten wie Bäumen, Straßenschildern, Sonnenuntergängen, Möbeln, Tieren usw. Sie können sich auf diesen Online-Foto-Websites eine Nische schaffen, wenn Sie sich auf Fotos spezialisieren und eine große Sammlung einzigartiger Variationen desselben Objekts haben.

Benutzer, die an einer Website arbeiten, möchten vielleicht ein statisches Bild auf ihrer Homepage oder anderen Seiten einfügen. Anstatt das Geschäft zu besuchen oder die nötige Ausrüstung zu kaufen, um hochwertige Fotos zu schießen, können sie Ihre Bilder online kaufen.

Die meisten Websites verlangen eine angemessene Gebühr, so dass die Besucher ohne zu zögern mehrere Objekte kaufen können. Nach der Bezahlung kann der Kunde die Bilder in seiner Datei speichern, um sie jederzeit zu verwenden. Viele Website-Entwickler haben eine Sammlung von Fotos, die ihnen gefallen, und sobald sie diese gefunden haben, kaufen sie sie, anstatt zu vergessen, wo sie online zu finden waren.

Diese Foto-Sharing-Websites generieren passives Geld für Fotografen, die Bilder hochladen. Sobald Sie Ihr Bild hochgeladen haben, ist es für Millionen von Nutzern zugänglich, die es brauchen und schätzen können. Wenn zwanzig Personen Ihr Bild jeden Monat herunterladen und die Website Sie für jeden Download entschädigt, können Sie zwar nicht reich werden, aber Sie haben ein Einkommen.

Sie wollen, dass Ihre Arbeit gesehen wird, und jeder Profi- oder Amateurfotograf hat Fotos, die er für zusätzliches Geld verkaufen würde. Je mehr Bilder Sie verbreiten, desto größer ist die Wahrscheinlichkeit, dass Ihre Inhalte verwendet werden, und desto regelmäßiger werden Sie passive Einnahmen erzielen. Diese passiven Einnahmen können in Ihre Fotografie reinvestiert werden, was eine fantastische Methode ist, Ihre Arbeit mit der Welt zu teilen.

15. Kostenlose Angebote für die E-Mail-Anmeldung.

Ich habe innerhalb weniger Stunden 30 Dollar verdient, indem ich verschiedene langweilige kostenlose Umfragen und E-Mail-Abonnements auf einer Website durchgeführt habe, die für Umfragen und Angebote bezahlt. Einfach ausgedrückt, habe ich kostenloses Geld verdient, indem ich ein paar Formulare mit einer anderen Gmail-Adresse ausgefüllt habe, um die wichtige Kommunikation nicht zu stören.

Die Methode:

Suchen Sie eine Website für bezahlte Umfragen/Angebote und registrieren Sie sich mit Ihren echten Daten (damit Sie bezahlt werden können, normalerweise per PayPal).

Registrieren Sie neue oder mehrere E-Mail-Adressen, die Sie nur für die Umfragen und Angebote verwenden möchten.

Wählen Sie eine Umfrage oder ein Angebot aus der Liste der Website aus, das Sie interessiert oder das am schnellsten zu erledigen ist.

Wenn Sie dazu aufgefordert werden, füllen Sie die kostenlose Umfrage oder das Angebot mit Ihren echten Daten aus (ich verwende eine falsche Telefonnummer, habe aber noch nie Junk-Mails mit meiner echten Adresse erhalten)

Melden Sie sich für einen Newsletter an, nehmen Sie an einer kostenlosen Geldverlosung teil und registrieren Sie sich in einem Forum.

Sie können nach Ihren Kaufgewohnheiten, Ihren Lieblingscomputerspielen usw. gefragt werden.

Holen Sie sich Ihre Belohnung auf der Website für Umfragen/Angebote ab.

In ein paar Stunden können Sie 30 Dollar verdienen, wenn Sie diese Aufgabe für jedes der unzähligen Angebote erledigen, die dort angeboten werden.

Wenn Sie Freunde zur Teilnahme einladen, erhalten Sie gelegentlich auch einen Anteil an deren Verdienst. Wenn Sie also keine Lust mehr haben, Angebote auszufüllen, können Ihre Freunde die Arbeit für Sie übernehmen.

Wie funktioniert es?

Die Sache ist ganz einfach. Unternehmen A möchte eine Umfrage durchführen oder für ein kostenloses Produkt werben. Er ruft eine Website für Umfragen/Angebote an und teilt ihr mit, dass er eine kleine Gebühr zahlen wird, wenn Personen an einer Umfrage teilnehmen oder diese über ihre Website beenden. Die gewinnbringende Website A nimmt das Angebot an und stellt es auf ihrer Website ein. Sie schließen das Angebot auf der Website des Unternehmens ab. Das Unternehmen erhält eine Vergütung und schüttet einen Teil an Sie aus.

Unternehmen A ist erfreut, dass jemand an einer Umfrage oder einem Angebot teilgenommen hat. Profitable Site A freut sich, weil er eine Entschädigung für Ihre Empfehlung erhalten hat, und Sie freuen sich, dass Sie einen Teil des Geldes bekommen haben.

Diese Strategie wird in der Regel übersehen, weil sie so einfach ist, aber sie bringt ein beträchtliches monatliches Einkommen.

Die meisten Websites akzeptieren PayPal oder schicken Ihnen einen Scheck, wenn Ihr Guthaben 25 Dollar erreicht, was innerhalb eines Tages leicht zu erreichen ist.

16. Teppichreinigungsgeschäft.

Die Teppich- und Teppichreinigungsfirma ist eines jener kleinen Unternehmen mit relativ günstigen Startgebühren und starken Wachstumsmöglichkeiten im Laufe des Jahres.

Es gibt drei verschiedene Messbereiche, die bei der Analyse einer Geschäftsmöglichkeit zu untersuchen sind:

1. Die relative Leichtigkeit des Markteintritts - können Sie die Konkurrenz mit überlegenem Service und kostengünstigen Marketingstrategien ausschalten?

2. Anlaufkosten im Verhältnis zu den Gewinnmöglichkeiten - gibt es einen komfortablen Break-even-Punkt, der einen positiven Geldfluss während der gesamten Anlaufphase ermöglicht?

Welche Art von Rendite kann ich im Laufe der Zeit für meine Investition in das Unternehmen erwarten? Wie schnell kann ich mein Kapital zurückgewinnen?

Auch wenn jedes Geschäft mit Kosten verbunden ist, können Sie in der Teppichreinigungsbranche schnell Gewinne erzielen, wenn Sie einige einfache Empfehlungen befolgen.

Ihr Geschäfts- und Marketingkonzept muss darauf ausgerichtet sein, die Anforderungen Ihrer Kunden zu erfüllen und sie in treue Kunden zu verwandeln.

Ihre treuen Kunden müssen so geschult werden, dass sie Ihr Unternehmen an ihre Freunde weiterempfehlen.

Diese fünf wichtigen Bereiche, die bei der Gründung eines neuen Teppichreinigungsdienstes zu berücksichtigen sind, sind in Wirklichkeit Marketing- und Managementfähigkeiten für kleine Unternehmen, die jeder Unternehmer beherrschen muss. Wenn Sie sich die Zeit nehmen, Ihr Unternehmen auf den Erfolg vorzubereiten, können Sie auch Erfolg haben.

Mit der richtigen Ausbildung können Sie einen kleinen Teppichreinigungsdienst übernehmen und seine Einnahmen innerhalb eines Jahres verdoppeln, indem Sie ein paar kleine Änderungen vornehmen. Die Menschen sind gerne bereit, für Dienstleistungen zu bezahlen, mit denen sie selbst zu beschäftigt oder unfähig sind, sie selbst auszuführen. So können sie mit ihrem Leben weitermachen und ihren Leidenschaften nachgehen.

Im Gegenzug werden sie Sie für Ihre fortgesetzte Arbeit angemessen entschädigen. Sie verbessert sich, wenn neue Dienstleistungen auf der Grundlage von Kundenfeedback und Paket-Upgrades in den Dienstplan aufgenommen werden. Der Lebenszeitwert Ihrer Kunden kann steigen, wenn Sie Ihr Produktangebot diversifizieren.

Denken Sie daran, dass ein Drittel der Einnahmen der meisten erfolgreichen Teppichreinigungsunternehmen von wiederkehrenden Kunden stammt. Daher sind Methoden des Empfehlungsmarketings für die langfristige Rentabilität von entscheidender Bedeutung.

Denken Sie daran, dass Sie, wenn Sie die Ratschläge erfahrener Teppichreinigungsexperten befolgen, eine solide Grundlage für ein rentables Geschäft haben. Der Ansatz ist identisch mit der Arbeit für ein Franchise-Unternehmen, aber ohne die Zehntausende von Dollar erforderlich. Sie können Ihr Unternehmen innerhalb des ersten Monats gründen und anfangen, Geld zu verdienen.

17. Ebooks schreiben.

Das Erstellen und Verkaufen von E-Books ist eine der beliebtesten Möglichkeiten, im Internet Geld zu verdienen. Viele Menschen aus allen Gesellschaftsschichten verdienen ihren Lebensunterhalt mit der Erstellung und dem Verkauf von Ebooks im Internet.

Die Menschen sind bereit, für Informationen zu zahlen, die sie wohlhabender, kenntnisreicher und zufriedener machen. Jeden Tag suchen viele Menschen im Internet nach Informationen, die ihr Leben verbessern können.

Wenn Sie über einen Computer mit Internetanschluss verfügen, können Sie Ihr eBook ganz einfach erstellen und durch den Online-Verkauf viel Geld verdienen.

eBook-Marketing ist eine erfolgreiche und unterhaltsame Methode, um online Geld zu verdienen und von zu Hause aus zu arbeiten. Es ist eine Firma, die es Unternehmern mit begrenztem Kapital ermöglicht, ein profitables Unternehmen zu gründen.

Sie sind nicht verpflichtet, Lagerbestände zu führen. Ihr Produkt liegt in digitaler Form vor. Es benötigt also keinen Speicherplatz.

Die Kunden können E-Books direkt aus dem Internet herunterladen. Es fallen also keine Lieferkosten an. Die Kunden erhalten es schnell, nachdem sie es von Ihrer Website heruntergeladen haben.

Sie können Ihr E-Book in unbegrenzter Menge verkaufen, ohne dass es ausverkauft ist. Sie speichern einfach ein einziges Exemplar auf Ihrer Website, und die Kunden können Ihr E-Book nach dem Kauf schnell herunterladen.

Sie können ein verkaufsfähiges eBook zu jedem Thema entwickeln, solange Sie das Thema aus eigener Erfahrung, durch Studium oder beides verstehen.

Entscheiden Sie zunächst, worüber Sie schreiben wollen. Sie müssen ein zeitgemäßes Thema wählen. Sie können nicht einfach über irgendetwas schreiben und erwarten, dass Sie damit reich werden. Sie müssen ein Produkt oder eine Dienstleistung haben, die von den Leuten gewünscht wird und für die sie bereit sind zu zahlen.

Sie müssen Marktforschung betreiben, um herauszufinden, ob es eine Nachfrage für das Thema gibt, das Ihnen vorschwebt. Dies ist unerlässlich. Sie möchten keine Zeit, kein Geld und keine Mühe in die Erstellung eines erfolglosen eBooks investieren. Viele Tools können Ihnen dabei helfen, festzustellen, ob sich Ihr Produkt verkaufen wird.

Nachdem Sie festgestellt haben, dass Ihr Produkt erfolgreich sein wird, ist es an der Zeit, das E-Book, die Website und den Werbebrief zu erstellen. Als Nächstes müssen Sie einen Webhoster auswählen. Ein Webhoster ist ein Dienst, der die Server zur Verfügung stellt, auf denen eine Website gespeichert ist.

Sie müssen die Leute über Ihr Ebook informieren. Deshalb müssen Sie es vermarkten. Werbung ist für den Erfolg Ihres Unternehmens unerlässlich. Sie können Ihr E-Book unter anderem über Ezines, Online-Foren, Pay-per-Click-Werbung, das Verfassen von Artikeln, Blogs und Suchmaschineneinträge bewerben. Sobald Ihre Website online ist, können Sie damit beginnen, Besucher anzuziehen.

Der Verkauf von Wissen im eBook-Format ist heute eines der faszinierendsten und lukrativsten Unternehmen. Diese Branche hat viele Menschen sehr wohlhabend gemacht. Auch Sie können in diesem milliardenschweren Markt ein hohes Einkommen erzielen. Alles, was Sie dazu brauchen, sind die richtigen Informationen und der Wunsch, einige einfache Richtlinien zu befolgen.

Wenn Sie Ihr erstes eBook erstellt haben, werden Sie feststellen, dass es immer einfacher wird, Ihr zweites und viele weitere zu erstellen, und innerhalb weniger Monate könnten Sie viele eBooks haben, von denen jedes Monat für Monat, Jahr für Jahr Geld für Sie einbringt.

18. Bezahlte Umfragen.

Bezahlte Umfragen sind eine Methode, mit der Sie Geld verdienen können, indem Sie einige der verfügbaren Online-Umfragen ausfüllen. Dies ist eine der effektivsten und einfachsten Möglichkeiten, online Geld zu verdienen. Wenn Sie monatlich zusätzliches Geld benötigen, können Sie sich bei einigen Online-Umfrageseiten anmelden und deren Anweisungen befolgen, um online Geld zu verdienen.

Für das Ausfüllen dieser Umfragen sind keine Erfahrungen oder Fachkenntnisse mehr erforderlich, so dass jeder an diesen Websites teilnehmen und Geld verdienen kann. Dies ist die beste Möglichkeit, in so kurzer Zeit online Geld zu verdienen. Dies ist jedoch nichts für Sie, wenn Sie vorhaben, durch das Ausfüllen von bezahlten Umfragen reich zu werden.

Bezahlte Umfragen können auf Dauer nicht zu Reichtum führen. Es ist jedoch eine großartige Möglichkeit, jeden Monat online zusätzliches Geld zu verdienen, das für andere Bedürfnisse verwendet werden kann. Diese Umfragen können unterhaltsam sein und erfordern nicht viel Zeit. Sie können sie in wenigen Minuten abschließen und zusätzliches Geld erhalten.

Bevor Sie jedoch an diesen bezahlten Online-Umfragen teilnehmen, sollten Sie einige Vorsichtsmaßnahmen ergreifen, damit Sie kein Geld verlieren.

- Zunächst sollten Sie nach den zuverlässigsten und kostenlosesten Umfrageseiten suchen. Viele neue Websites verlangen eine Anmeldegebühr und bieten an, Ihnen für jede Umfrage, die Sie durchführen, einen hohen Betrag zu zahlen. Diese Websites sind wahrscheinlich betrügerisch und sollten ignoriert werden.

- Dann sollten Sie nach einer bezahlten Umfrageseite suchen, die Ihnen mehr monatliche Umfragen bietet. Auf diesen Websites sollten Sie jeden Monat mindestens 50 $ verdienen. Es kann eine große Anzahl von Websites geben, die nicht viele Umfragen anbieten. Manche Unternehmen können Ihnen auch nur 1-2 Umfragen pro Monat anbieten. Diese Websites sind möglicherweise nicht sehr hilfreich für Sie. Daher sollten Sie sie meiden.

- Außerdem müssen Sie eine Website für bezahlte Online-Umfragen wählen, die gut etabliert und seriös ist. Eine gute und seriöse Website wird Ihnen immer helfen, schnell Geld zu verdienen, und Sie haben die geringste Chance, betrogen zu werden.

- Stellen Sie sicher, dass Sie sich bei diesen Websites immer mit einer E-Mail-Adresse wie Yahoo oder Gmail anmelden. Sie sollten nicht die E-Mail-Adresse für Ihre Website oder Ihre E-Mail-Adresse verwenden. Dies könnte Ihre Privatsphäre gefährden. Daher sollten Sie dies vermeiden.

Mit diesen und anderen Techniken können Sie einfach online Geld verdienen und das zusätzliche Einkommen in Ihrer Tasche behalten. Außerdem können Sie andere monatliche Gebühren bezahlen, die am Ende des Monats schwer zu begleichen sein könnten.

19. FX-Handel.

Hier ist ein Beispiel dafür, wie Sie vom Devisenhandel profitieren können, selbst wenn Sie nur 40 % Ihrer Transaktionen gewinnen.

Lassen Sie uns eine Handelssituation schaffen.

Nehmen wir an, Sie kommen zu folgendem Schluss:

Sie werden Ihre Geschäfte von Montag bis Freitag abwickeln.

Sie gehen davon aus, dass Sie 60% Ihrer Geschäfte verlieren und 40% gewinnen.

Sie streben nach Risiko:

Ein Risiko-Ertrags-Verhältnis von 1,0: 2,0 (d.h., Sie können davon ausgehen, dass Sie für jeden $1, den Sie riskieren, $2 erhalten).

Sie handeln mit einem Mikrokonto im Wert von 300 $.

Sie riskieren nicht mehr als 2 % bei jedem Handel oder 6 $ zu Beginn.

Bei einem Mikrokonto können Sie bei einem Risiko von 6 $ (oder 2 % Ihres Kontos) Stop-Losses von 60 Pips setzen, was die Wahrscheinlichkeit eines erfolgreichen Handels erhöht. Basierend auf unserem Risiko-Ertrags-Verhältnis ist es Ihr Ziel, für jede 6 $, die Sie riskieren, 12 $ zu verdienen.

Schauen wir uns an, wie sich dieses Beispiel des Devisenhandels entwickelt.

40 % der 20 Handelstage im Monat (da wir von Montag bis Freitag handeln) führen zu Gewinnen (8 Handelstage). An den restlichen zwölf Tagen rechnen Sie mit Verlusten. Das Gewinn/Verlust-Szenario für den gesamten Handelsmonat würde folgendermaßen aussehen:

GEWINNE: 96 $ VERLUSTE: 72 $ NETTOGEWINN: +24 $ RENDITE: +8%.

Dieser Nettogewinn von 24 $ auf einem 300 $-Konto entspricht einem ROI von 8 % für den gesamten Monat. Nun können Sie $24 als einen kleinen Betrag betrachten. Das ist auch der Fall. Betrachten Sie jedoch nicht nur den monetären Wert, sondern auch das, was Sie erreicht haben.

Eine monatliche Rendite von 8 % entspricht einer jährlichen Rendite von 96 %, d. h. Ihr Geld wird jedes Jahr ungefähr verdoppelt. Vergleichen Sie dies mit den winzigen 2 % bis 3 %, die Ihre freundliche Hausbank jährlich auszahlt.

Selbst wenn Sie 60 % der Zeit auf dem Devisenmarkt verlieren, können Sie in jedem beliebigen Monat mit 8 % Gewinn rechnen.

Selbst wenn Sie nur einen Monat pro Quartal handeln würden, würden Sie immer noch eine jährliche Rendite von 32 % erzielen.

Das ist sicherlich etwas, das man beachten sollte! Schauen Sie über den Tellerrand hinaus, denn ein Mikrokonto soll Ihnen helfen, sich zu verbessern. Es geht darum, Ihre Handelsfähigkeiten zu verfeinern und zu erweitern! Sobald Sie regelmäßig die gewünschten monatlichen Renditen erzielen, können Sie auf ein Standard- oder Mikrokonto aufsteigen und massive Kapitalgewinne erzielen.

Beispiel: Werden Sie in erster Linie ein außergewöhnlicher Forex-Händler. Üben Sie auf Demokonten, handeln Sie mit echtem Geld auf Mikro- und/oder Minikonten, wenn Sie dazu in der Lage sind, und verfeinern Sie Ihre Fähigkeiten. Dann werden Sie auf dem Forex-Markt eine Menge Geld verdienen.

20. Listenerstellung.

Der Aufbau von Listen und der Versand von E-Mails an Ihre Opt-in-Liste ist die schnellste Methode, um monatliche Einnahmen zu erzielen. In der Tat können Sie mit einem Klick auf eine Schaltfläche in Ihrem E-Mail-Autoresponder sofort Tausende von Menschen auf die Website Ihrer Wahl leiten, sei es für das Produkt eines Partners oder Ihr eigenes.

Der schnellste Weg, im Internet Geld zu verdienen, besteht zweifellos darin, ein Angebot an Ihre Liste zu senden und durch die E-Mail-Benachrichtigung "Sie haben etwas verkauft" eine sofortige Belohnung zu erhalten.

Hören Sie auf die Meister der Listenerstellung. Folgen Sie dem Beispiel von Menschen, die auf Abruf Geld verdienen, anstatt zu Versagern zu werden, die ständig über ihren mangelnden finanziellen Erfolg jammern.

Aber wie kann diese "Druckknopf"-Fantasie Wirklichkeit werden? Ich meine, jeder weiß, dass das Geld mit einer großen Opt-in-Liste verdient wird. Wie oft haben Sie schon "Das Geld liegt in der Liste" gelesen?

Die Worte sind absolut wahr. Der Besitz Ihrer Opt-in-Liste ist der wertvollste Vermögenswert für Ihr Unternehmen.

Eine reaktionsfähige Abonnentenliste ist vergleichbar mit dem Besitz eines Geldautomaten. Wenn ein Knopf gedrückt wird, fließt Geld heraus.

Wenn Sie sich diese Marketingstrategie zunutze machen, wird Ihr gesamtes Unternehmen so eingerichtet, dass es automatisch wiederkehrende Einnahmen generiert.

Selbst mit einer bescheidenen Liste von 1.000 Personen ist es möglich, festzustellen, dass jedes Abonnement 1,50 Dollar wert ist. Dieser Betrag entspricht mehr als 1.500 Dollar pro Monat.

Was würden Sie in Ihrem Leben tun, wenn Sie jeden Monat zusätzlich 1.500 Dollar hätten?

- Im Allgemeinen gilt: Je größer die Liste, desto größer der Gehaltsscheck.
- Die Größe Ihrer Mailingliste ist direkt proportional zu Ihrem Einkommen.
- Eine Liste von 5.000 oder 10.000 Personen kann mit einigen Methoden der Listenerstellung erstellt werden.

Wenn Sie $1 pro Abonnent verdienen, bedeutet das $5.000 bis $10.000 pro Monat, nur weil Sie Ihre Liste per E-Mail versenden. Das ist der Vorteil einer sehr reaktionsfähigen Liste.

Aber WIE bauen Sie Ihre Liste auf?

In allen Ebooks und Spezialberichten über die Gewinnung von Besuchern auf Ihrer Website, um eine hochgradig ansprechende E-Mail-Liste zu erstellen, wurde wichtiges Material ausgelassen. Die Strategien und Geheimnisse wurden entweder nicht erwähnt oder erforderten teure Software oder Verfahren, die für den gewöhnlichen Marketer unerschwinglich sind.

Diese Untergrundvereinigung von hochbezahlten Vermarktern hat nicht die Absicht, den wahren Schlüssel zum Verdienen enormer Geldsummen durch Opt-in-Listen zu enthüllen. Indem sie etwas versprachen, was sie nicht zu halten gedachten, erhielten sie enorme Geldsummen von gewöhnlichen Vermarktern.

Auf wen können Sie sich verlassen?

- Die Betreiber von Kleinanzeigen-Websites rieten Ihnen, dass dies die beste Methode sei, um viele Besucher zu generieren.

- Nach Ansicht von Google-Experten ist Google die erfolgreichste Methode, um Besucher und Anmeldungen für Ihre Opt-in-Website zu generieren.

Die effektivste Strategie ist es, eine Kombination aller verfügbaren Methoden zur Generierung von Traffic zu verwenden.

Um Geld zu verdienen, müssen Sie lernen zu verkaufen.

Sobald der Besucher Ihre Opt-in-Seite erreicht, benötigen Sie jedoch die Talente eines Texters, um dem Opt-in-Besucher etwas zu verkaufen. Dies ist das fehlende Glied in all den Geheimnissen, die verschenkt, verkauft oder gehandelt werden.

Der Inhalt der Opt-in-Seiten der führenden Gurus ist ebenso fesselnd wie der Inhalt ihrer Produktseiten. Hochbezahlte Werbetexter gestalten diese Seiten so, dass sie bei den Besuchern eine positive Reaktion hervorrufen. Ihre Sprache appelliert an die emotionalen Bedürfnisse des Zielpublikums. Sie müssen den Besucher in weniger als 5 Sekunden davon überzeugen, dass er Ihr Produkt oder Ihre Dienstleistung haben möchte.

Das Ziel des typischen Vermarkters ist es, einen Bericht zu verbreiten, aber wenn Ihr Webtext nicht gut gestaltet und fesselnd ist, wird der Besucher sehr wahrscheinlich von Ihrer Website wegklicken.

Ihre Opt-in-Seite ist unwirksam, wenn Sie nicht wissen, wie Sie die Emotionen und den Intellekt des Besuchers ansprechen, um ihn zu überzeugen, seine persönlichen Daten anzugeben.

Sie müssen dem Besucher alle Vorteile auf eine Weise vermitteln, die eine positive Reaktion hervorruft.

Es spielt keine Rolle, wie ansprechend Ihr Angebot ist, wenn Ihr Online-Text den Besucher nicht davon überzeugt, dass er Ihr Produkt braucht.

Sobald Sie die Aufmerksamkeit des Besuchers gewonnen haben, müssen Sie eine gut formulierte Follow-up-Nachricht senden. Der Erfolg oder Misserfolg Ihrer E-Mail-Marketingbemühungen hängt davon ab, was Sie anbieten und wie Sie es präsentieren.

Der gesamte Opt-in-Prozess besteht aus mehreren Komponenten. Sie müssen über alle

Komponenten verfügen, damit Ihre Opt-in-E-Mail-Kampagne zu den gewünschten Ergebnissen führt.

Die Methode zur Gewinnung von Einnahmen aus Ihrer Liste würde einen detaillierten Bericht erfordern, aber das ist das Thema eines anderen Aufsatzes und eines anderen Tages.

Konzentrieren Sie sich darauf, eine oder zwei Möglichkeiten zu finden und zu beherrschen, um Ihre Liste heute aufzubauen. Nachdem Sie diese beiden Taktiken gemeistert haben, sollten Sie zu weiteren Strategien für den Traffic und das Listenwachstum übergehen.

21. Fotografie.

Ich werde oft gefragt, wie sie mit ihren Digitalkameras möglichst schnell Geld verdienen können. Auch wenn die Fotografie eine Kunst ist, für die man Zeit braucht, um sie zu beherrschen, gibt es doch einige Möglichkeiten, schnelles Geld zu verdienen und damit zu beginnen, regelmäßige Einnahmen zu erzielen. Selbst Anfänger in der Digitalfotografie oder Hobbyfotografen werden diese Tipps nützlich finden.

Zunächst müssen Sie sich darüber im Klaren sein, dass Sie nicht am ersten Tag oder gar in der ersten Woche Geld verdienen werden, aber sobald Sie diese Konzepte verstanden haben, werden Sie in der Lage sein, jeden Monat zusätzliches Geld zu verdienen, und innerhalb des ersten Monats werden Sie beträchtliche Gewinne erzielen. Ich empfehle Ihnen, Ihre Fotos zunächst bei Microstock-Foto-Websites wie Fotolia, Dreamstime, Bigstockphoto und Istockphoto einzureichen.

Sie sollten Ihre Fotos jedoch erst dann bei Istockphoto einreichen, wenn sie auf anderen Websites akzeptiert wurden. Außerdem ist Bigstockphoto wahrscheinlich die einfachste von allen und genehmigt Bilder mit relativer Leichtigkeit. Auch wenn Ihre Bilder abgelehnt werden, lassen Sie sich nicht entmutigen, sondern nutzen Sie dies als Ansporn, Ihre Fotografie zu verbessern und qualitativ hochwertigere Fotos zu erstellen.

Ich würde Ihnen raten, Microstock-Fotos zu machen, während Sie andere Veranstaltungen fotografieren. Sie sollten sich bei diesen Websites anmelden, bevor Sie sich anderen Fotoprojekten zuwenden, denn sie können Ihnen ein erhebliches passives Einkommen verschaffen. Selbst wenn Sie eine Hochzeit, ein Seniorenporträt oder ein Familienporträt fotografieren, verdienen Sie den ganzen Tag über Geld.

Nehmen Sie immer eine Kamera mit; Sie werden mit der Zeit ein Auge dafür entwickeln, was sich auf diesen Websites verkauft und was nicht. Sie erhalten zwar nur ein paar Dollar pro heruntergeladenem Bild, aber wenn Sie wie ich Tausende von Bildern haben, werden Sie monatlich erhebliche Einnahmen erzielen.

Sie werden auch wollen, dass Ihr Name bekannt wird. Sie wären wirklich überrascht, wie viele Menschen in Ihrer Umgebung einen Fotografen wie Sie suchen, aber nichts von Ihrer Existenz wissen. Hier sind einige Möglichkeiten, wie Sie Ihr Unternehmen und Ihre Dienstleistungen bekannt machen können:

Richten Sie eine Website ein, auf der Sie einige Beispielbilder zeigen.

Geben Sie eine Zeitungsanzeige mit der Adresse Ihrer Website auf und verteilen Sie Visitenkarten an örtliche Brautmodengeschäfte.

Nehmen Sie Ihre Kamera zu Baseballspielen mit, bieten Sie einem Hochzeitsfotografen an, als Assistent zu arbeiten, schreiben Sie einige Artikel und verlinken Sie auf Ihre Website.

Die Möglichkeiten bei der Vermarktung Ihrer Dienstleistungen sind unbegrenzt, also ziehen Sie alle Register. Die oben genannten Techniken werden Ihnen viel Arbeit bescheren, also planen Sie Ihre Aufgaben entsprechend, damit Sie nicht überfordert sind. Das Letzte, was Sie wollen, ist, dass die Qualität Ihrer Arbeit nachlässt.

Sie müssen auch lernen, wie man Bilder richtig bearbeitet. Da Ihr Computer Ihre "digitale Dunkelkammer" ist, werden Sie viel Zeit damit verbringen, Fotos zu bearbeiten, Farben und Farbtöne zu ändern und unerwünschte Bilder zu verwerfen.

Photoshop gilt weithin als das beste Fotobearbeitungsprogramm auf dem Markt. Die meisten Fotografen verwenden es, aber versuchen Sie eine Alternative, wenn es Ihnen zu teuer oder zu kompliziert ist. Paint Shop Pro hat mir im ersten Jahr, in dem ich es benutzt habe, gute Dienste geleistet. Irgendwann werden Sie sich jedoch entscheiden, Photoshop zu kaufen und zu studieren.

22. Presseinformation.

Eine Pressemitteilung ist eine der effizientesten Methoden, um dies zu erreichen, aber es müssen bestimmte Bedingungen erfüllt sein, damit sie erfolgreich ist.

Vor einigen Jahren begann mein Mann mit einer kostenlosen Mailingliste für ein unerschlossenes Marktsegment in Dänemark, wo wir derzeit leben.

Nach einem Jahr beschlossen wir, das Konzept zu überarbeiten. Wir würden diese Spezialität in eine Schule umwandeln und monatliche Abonnementgebühren erheben.

Wir verfassten eine Pressemitteilung, in der wir die Öffentlichkeit über die bevorstehende Ankunft dieser Marktnische in Dänemark informierten, da diese Idee in Dänemark bisher unbekannt, im Ausland jedoch weit verbreitet war.

Sie wurde in einigen Zeitungen und Publikationen veröffentlicht, und wir erhielten sogar Online-Werbung.

Die Leute strömten auf unsere Verkaufsseite, und es wurden Hunderte von Abonnements abgeschlossen. Viele davon waren für unsere Premium-E-Learning-Schule, andere für unsere kostenlose Liste.

Später boten wir Bücher aus diesem Bereich sowohl für die kostenlose als auch für die kostenpflichtige Liste an, und viele der Abonnenten der kostenlosen Liste wurden schließlich zu zahlenden Studenten.

Erwägen Sie etwas Neues.

Wenn Sie eine Pressemitteilung schreiben, müssen Sie sich zunächst in die Lage des Lesers versetzen. Was würde der Leser gerne wissen wollen?

Die meisten Menschen sind begierig, etwas Neues zu erfahren. Wenn es also etwas Neues über Ihr

Produkt gibt, können Sie diese Perspektive nutzen, um vielleicht das Interesse der Medien zu wecken und sie zu ermutigen, darüber zu schreiben.

Verfassen Sie keine dieser langatmigen und uninteressanten Pressemitteilungen, die derzeit das Internet überschwemmen.

Nicht mehr als dreihundert Wörter sind erlaubt. Mit nur 300 Wörtern können Sie viel ausdrücken.

Bereitmachen für den Einsatz.

Wenn ein Medienunternehmen Ihre Pressemitteilung verwendet, bittet es in den meisten Fällen einen seiner Journalisten, sie umzuschreiben; möglicherweise nimmt es sogar Kontakt mit Ihnen auf, um weitere Fragen zu stellen.

Um ein erstes Interesse an Ihrer Arbeit zu wecken, sollten Sie sie so verfassen, dass sie theoretisch druckreif ist.

Priorisieren Sie die interessantesten Inhalte. Führen Sie statt des "Ichs" in der Pressemitteilung ein kurzes "Interview" mit sich selbst. Auch Zwischenüberschriften sind zulässig.

Verteilen Sie Ihre Pressemitteilung an die entsprechenden Medien.

Machen Sie nicht den Fehler, einer Katzenzeitschrift Ihre Pressemitteilung über Ihr neues und verblüffendes E-Book darüber, wie man einen Hund vom Bellen abhält, zu schicken. Wählen Sie die geeigneten Medien für Ihre Pressemitteilung.

23. eBay.

Mit eBay können Sie ganz einfach von zu Hause aus Geld verdienen, wenn Sie schnell Geld brauchen. Wenn Sie erst einmal verstanden haben, wie eBay funktioniert, und nur geringe Startgebühren anfallen, sind der Expansion Ihres Unternehmens keine Grenzen gesetzt.

Im Folgenden finden Sie drei Strategien zum Ankauf von Lagerbeständen, die erfahrene eBay-Verkäufer nutzen, um Inventar für den Wiederverkauf bei eBay zu erwerben, und die der durchschnittliche eBay-Verkäufer nicht kennt. Jetzt können Sie Inventar für Ihre eBay-Transaktionen auf die gleiche Weise wie die größten Händler erwerben.

1. Einkaufen bei lokalen Ausverkäufen zum Saisonende und bei Geschäftsschließungen.

Überall gibt es die gleichen Geschäftspraktiken. Viele Einzelpersonen gründen Unternehmen, die scheitern. Wenn ein Einzelhandelsgeschäft zusammenbricht, müssen seine Bestände liquidiert werden. Diese Liquidationsverkäufe kommen häufig vor. In der Regel werden sie in der Lokalzeitung veröffentlicht.

Einige Auktionshäuser haben sich jedoch auf Liquidationen spezialisiert und führen wöchentlich oder monatlich Auktionen durch. Informieren Sie sich in den örtlichen Zeitungen und im Internet.

2. Bei lokalen Liquidationsverkäufen und Auktionen kaufen.

In jeder Stadt gibt es Auktionshäuser, die große und kleine Gegenstände wie Autos und Kleidung verkaufen.

Viele andere Käufer bei einer lokalen Auktion sind Einzelhändler und/oder eBay-Verkäufer, so dass Sie einem intensiven Wettbewerb ausgesetzt sind. Das bedeutet, dass Sie es vermeiden müssen, sich auf die Gegenwart zu konzentrieren.

Außerdem sind Schnäppchen am Ende der Saison ideal, um Ihren eBay-Shop zu füllen. In den USA mag der Sommer zu Ende sein, aber auf der Südhalbkugel beginnt der Sommer, so dass Sie immer noch Millionen von potenziellen Kunden haben werden.

Designermarken verkaufen sich immer. Achten Sie auf Ausverkäufe von Designerwaren wie Kleidung, Accessoires und Make-up. Prüfen Sie vor dem Kauf die abgeschlossenen Angebote, um sicherzustellen, dass Sie nicht zu viel bezahlen.

Hier sind einige Gefahren, die Sie bei Liquidationsverkäufen und Auktionen vermeiden sollten:

* Bieten Sie niemals mehr für einen Artikel, als Sie vor Beginn der Auktion vorhatten;

* Bringen Sie nur so viel Geld mit, wie Sie ausgeben können;

* Besichtigen Sie die Gegenstände, insbesondere Kisten, vor der Auktion;

* Ermitteln Sie den Preis, zu dem Sie jeden Artikel auf eBay weiterverkaufen können;

* Berücksichtigen Sie die Transportkosten;

* Denken Sie daran, Ihre Artikel sorgfältig und sicher zu lagern, wenn Sie sie bei eBay einstellen.

3. Kauf Hersteller Sekunden.

Sekundärprodukte sind Produkte, die den Qualitätskontrollkriterien des Herstellers nicht entsprechen. Wenn ein Unternehmen beispielsweise Bekleidung herstellt, sind Zweitlieferungen Artikel, bei denen die Färbecharge die falsche Farbe hatte oder die andere Mängel aufweisen.

Die Mängel beeinträchtigen nicht die Tragbarkeit der Artikel, aber Sie sollten sie bemerken, wenn Sie sie zum Verkauf anbieten. Ihre Käufer müssen über den Zustand des Artikels, auf den sie bieten, informiert werden; wenn Sie in Ihrer Auktionsanzeige auf die Mängel hinweisen, können sie nicht behaupten, dass Sie einen Artikel falsch dargestellt haben.

24. Marketing-Videos und Video-Websites.

Eine der neueren Möglichkeiten, online sofort Geld zu verdienen, sind Marketingvideos und Videoseiten. Während dies immer noch ein anderer Weg, um einige Netto-Geld Reichtum zu machen, hat es an Geschwindigkeit und Dynamik in den letzten Monaten als mehr und mehr Menschen sind auf diese als eine praktikable Möglichkeit, Geld zu verdienen suchen.

Nun, wenn wir über diese als eine Möglichkeit für Sie, Geld zu verdienen sprechen, müssen Sie erkennen, dass es einige Vorarbeiten zu tun, aber in erster Linie, lassen Sie uns das Konzept dieser Linie des Denkens zu untersuchen.

Einige Personen verkaufen verschiedene Videos und Bücher und behaupten, dass sie damit täglich zwischen ein paar Dollar und ein paar tausend Dollar verdienen. Wenn Sie ihrer Argumentation folgen, können Sie die gleichen Ergebnisse erzielen.

Wenn Sie Videos vermarkten, verkaufen Sie in erster Linie diese Filme online, für die kein Produkt erforderlich ist. Alles, was Sie tun, basiert auf genau der gleichen Prämisse wie der Affiliate-Vermarkter; Sie sind der Jobber, der diese Dinge in seinem Namen verkauft und einen Teil des Gewinns erhält.

Sie wecken das Interesse und die Begeisterung für das Produkt und sorgen dafür, dass die Menschen motiviert sind, es überhaupt zu kaufen; an diesem Punkt endet Ihre Arbeit und die des Produktherstellers beginnt.

Jeder ist mit den Dingen, die er anbietet, beschäftigt. Video-Websites sind vorteilhaft, da die Nutzer ansprechendes Material bereitstellen. Betrachten Sie es als eine Art virales Marketing, und die Stärke der Video-Website besteht darin, dass sie sich schnell verbreitet, wenn die digitalen Reklame-Maschinen in Betrieb sind.

Daher ist es für Sie und alle anderen auf der Welt, die auf ihre Kosten kommen, ein Kinderspiel, mit Filmen Geld zu verdienen.

Der Geldbetrag, der mit diesen Websites und Filmen erwirtschaftet werden kann, ist ziemlich groß, und wenn sich das herumspricht und andere anfangen, ihre Produkte zu entwickeln, können Sie die besten Produkte auswählen und den Geldbetrag maximieren, den Sie mit ihnen verdienen werden. Dies ist eine ausgezeichnete Methode, um Ihre Affiliate-Marketing-Karriere zu starten, und nichts sollte Sie davon abhalten, dies zu tun.

Sie müssen einige der wichtigsten Grundsätze und Elemente des Affiliate-Marketings an Ihre Branche und Ihren Zielmarkt anpassen. Dies sind die wichtigsten Aspekte der Fähigkeiten einer Video-Website und des Affiliate-Marketings. Starten Sie also jetzt Ihre Karriere!

25. Joint Venture.

Joint Ventures ermöglichen es Ihnen, eine profitable Partnerschaft mit einer anderen Person einzugehen. Dies ist eine große Chance für jeden, der eine legitime Arbeit von zu Hause aus sucht. Sie können auch andere Geschäftsideen für sich selbst durch ein Joint Venture erhalten. Sie sollten jede Person oder Firma, die behauptet, Sie könnten schnell und einfach Geld verdienen, gründlich überprüfen, aber ein Joint Venture kann die Lösung sein, die Sie suchen.

Sie müssen sich entscheiden, was Sie mit Ihrem Joint Venture erreichen wollen, denn Sie und Ihr Partner können viel davon profitieren, und wenn es gut gemacht ist, kann es Ihnen die Möglichkeit bieten, schnell Geld zu verdienen. Denken Sie daran, dass der Zweck von Joint Ventures darin besteht, dass beide Beteiligten davon profitieren.

Die meisten Unternehmer gehen Joint Ventures als eine ihrer Geschäftsideen aus vier

Hauptgründen ein. Sie können ein bereits vorhandenes Produkt ergänzen und mehr Wissen über die Bedürfnisse Ihres Zielmarktes vermitteln. Ihr Produkt kann sich als Ergänzung zum Produkt des Joint-Venture-Partners besser verkaufen. Das hilft Ihnen in Zukunft bei der Produktion anderer Produkte.

Wie bereits erwähnt, ist es nicht immer einfach, Geld zu verdienen. Sie können sich auch dann an einem Joint Venture beteiligen, wenn Sie kein eigenes Produkt haben. Joint Ventures sind Partnerschaften, bei denen beide Parteien einen Beitrag leisten. Sie können die meisten Aufgaben übernehmen und das Ergebnis einer anderen Person nutzen. Diejenigen, die sonst nichts beizutragen haben, sind mit diesem System zufrieden.

Diese Kooperationen können auch die Glaubwürdigkeit Ihrer zukünftigen Strategien zum schnellen Geld verbessern. Ihr Joint-Venture-Partner hat vielleicht schon eine große Zahl zufriedener Kunden. Wenn diese dann über Ihren gemeinsamen Verkauf kaufen, werden sie zu Ihren Kunden. Dies ermöglicht es Ihnen, sie für Ihre zukünftigen Initiativen zu werben.

Wir alle wissen, dass ein seriöses Heimgeschäft auf Stammkunden angewiesen ist. Ihre neuen Kunden haben zuvor bei Ihrem Partner gekauft und kaufen nun Ihre neuen Produkte. Die Kunden werden wahrscheinlich auch in Zukunft Produkte von anderen Geschäftsideen kaufen, die Sie in derselben Branche haben.

Sie sehen also, dass es einfach ist, Geld zu verdienen, solange Sie Ihrem Partner und den Kunden gegenüber ehrlich bleiben und ein fantastisches Produkt oder eine fantastische Dienstleistung anbieten.

Das dritte Ziel, das Sie verfolgen könnten, ist die Erweiterung Ihrer Marketingreichweite. Joint Ventures erhöhen Ihre Marketingreichweite, weil die Kunden Ihnen eher vertrauen und sich wohler fühlen, wenn sie in Zukunft bei Ihnen kaufen. Wie bereits erwähnt, können Sie auf Kunden zurückgreifen, die Ihrem Joint-Venture-Partner bereits vertrauen.

Außerdem können sie Sie an andere weiterempfehlen, die an einem Kauf bei Ihnen interessiert sind.

Das vierte Prinzip kann Ihre Geschäftsideen erweitern, da Sie in unerwartete Märkte eintreten können, in denen Sie schnell Geld verdienen können. Wenn Sie sich erkundigen, erwähnen Ihre neuen Kunden vielleicht weitere Produkte, die Sie anbieten können.

Diese Methode, schnell Geld zu verdienen, könnte Sie auch in ein gutes Verhältnis zu Ihrem Joint-Venture-Partner bringen. Joint Ventures sind nicht auf ein einziges Projekt beschränkt. Wenn Sie Ihre Hälfte der Abmachung einhalten und Sie beide viel Geld verdienen, kann Ihr Partner Sie in eine andere seiner Firmenideen einbeziehen, von der Sie profitieren können.

Alle oben genannten Unternehmen können Ihnen legitime Möglichkeiten für die Arbeit von zu Hause aus bieten, aber Sie müssen jede Geschäftsidee, die Sie verfolgen möchten, gründlich recherchieren. Es kann sein, dass Sie noch nie von ihnen gehört haben und dass sie noch nie von Ihnen gehört haben. Da einer von Ihnen Aufträge entgegennehmen, mit Geld umgehen und Anweisungen ausführen muss, ist Vertrauen erforderlich.

Wenn Sie die Liste mit den Kontaktinformationen der Kunden eines anderen Unternehmens verwenden, kann dies für Sie mit erheblichem Aufwand verbunden sein. Möglicherweise verfügt er bereits über die notwendigen Mechanismen zur Annahme von Bestellungen und Zahlungen. Möglicherweise müssen Sie auch auf die Zahlung warten, da nicht immer tägliche Zahlungen möglich sind, sondern eher monatliche Zahlungen. Dies kann länger dauern, da es für den kaufenden Kunden möglicherweise eine Garantiefrist gibt.

Lassen Sie sich davon nicht beunruhigen. Wie wir alle wissen, ist es nicht leicht, Geld zu verdienen, aber wenn Ihr möglicher Ehepartner über das nötige Fachwissen verfügt, muss er oder sie auch irgendwo anfangen. Irgendwann müssen sie ihr Vertrauen in eine andere Person setzen.

Ihr Joint-Venture-Partner hat vielleicht einen sehr hektischen Terminkalender und kann nicht immer Zeit für ein Projekt aufbringen, das er ins Leben gerufen hat. Eines der Dinge, die seriöse Heimarbeitsfirmen tun müssen, ist die kontinuierliche Betreuung bestehender Kunden und die Gewinnung neuer Kunden. Einige Kunden werden Ihr Produkt nicht mehr kaufen, also müssen Sie neue Kunden gewinnen.

Sehr viel beschäftigte Unternehmer müssen ihren Kundenstamm erweitern. Deshalb lassen sie sich auf Kooperationen ein. Sie haben ein Projekt abgeschlossen und brauchen jemanden, der die verbleibenden Aufgaben erledigt.

Dies kann von einem neuen Unternehmer übernommen werden, der sein Imperium ausbaut. Die neue Person akquiriert neue Kunden, indem sie ein Produkt verkauft, während der bestehende Unternehmer Verbraucherinformationen erhält, die ihm beim Aufbau seiner Liste helfen.

Ein Joint Venture kann für alle Beteiligten von Vorteil sein, solange beide Parteien davon profitieren. Viel Spaß und viel Erfolg bei Ihrem nächsten Projekt.

26. Online-Auktionen.

Haben Sie schon einmal darüber nachgedacht, wie viele Gegenstände sich in Ihrem Besitz befinden, die Sie nicht mehr brauchen oder wünschen? Wahrscheinlich haben Sie verschiedene interessante Gegenstände, die verstauben, obwohl sie Ihnen und Ihrer Familie Geld einbringen könnten.

Überlegen Sie sich zweimal, bevor Sie etwas wegwerfen, denn selbst wenn es kaputt oder in schlechtem Zustand ist, ist vielleicht jemand bereit, dafür zu bezahlen. Sie können sogar auf örtlichen Flohmärkten nach Gegenständen suchen, die sich weiterverkaufen lassen.

Das ist eine fantastische Gelegenheit, um viel Geld zu verdienen, denn Sie geben praktisch nur ein paar Cent für einen Gegenstand aus, der sich online mit Sicherheit teurer verkaufen lässt.

Ein weiterer Vorteil von Online-Auktionen ist, dass Sie mit Käufern aus der ganzen Welt in

Verbindung stehen, was die Wahrscheinlichkeit, dass Ihre Produkte zu einem höheren Preis als erwartet verkauft werden, erheblich erhöht. Dies ist eine hervorragende Methode, um schnelles Geld zu verdienen, aber es kann leicht in einen Vollzeitberuf umgewandelt werden, der ein beständiges monatliches Einkommen bringt.

27. Verweise.

Wenn Sie ein kleines Einkommen benötigen, ist es an der Zeit, dass Sie sich an die Arbeit machen. Wenn Sie Ihre Karten gut ausspielen, können Sie im Internet schnell Geld verdienen, und zwar durch Empfehlungen.

Dies könnte die Gelegenheit sein, nach der Sie gesucht haben, wenn Sie über ein großes Netzwerk verfügen oder sich zutrauen, online für sich selbst zu werben, um Ihre Empfehlungen erfolgreich in ein Empfehlungsprogramm einzutragen.

Zunächst werden Sie bei einem Empfehlungsprogramm für eine bestimmte Tätigkeit entlohnt. Sie verdienen jedoch mehr Geld, wenn Sie Leute werben, und Sie profitieren auch von den Aktivitäten, die diese durchführen.

Sie werden durch Werbeeinnahmen entschädigt. Sie erhalten jedoch eine höhere Vergütung für Empfehlungen und mehr Geld, wenn

Sie eine Anzeige aufgeben. Einige Websites bezahlen Sie zum Beispiel dafür, dass Sie auf ihrer Website veröffentlichen.

Damit lässt sich auf Dauer kein Geld verdienen, es sei denn, Sie haben Erfolg damit. Personen, die sich bei vielen Empfehlungsprogrammen anmelden, verdienen jeden Monat mehr als nur ein Taschengeld. Sie machen eine Karriere daraus. Sie haben viele hundert Empfehlungen unter sich. Außerdem haben ihre Empfehlungsgeber noch mehr Referenzen unter sich.

Es ist also möglich, durch Empfehlungen schnelles Geld zu verdienen. Außerdem kann es viel mehr Spaß machen, zuzusehen, wie Ihre Reihe immer länger wird. Folglich wird Ihr Bankkonto wachsen. Bedenken Sie auch, dass andere Geld verdienen, weil Sie die Chance mit ihnen geteilt haben.

SCHLUSSFOLGERUNG.

Die Frage ist, wie man schnell und einfach innerhalb eines Monats viel Geld verdienen kann. Beachten Sie das Fragezeichen am Schluss. Es gibt viele Perspektiven zu diesem speziellen Thema.

Die zugrunde liegende Frage ist, wie man schnell viel Geld verdienen kann. Schauen wir uns das einmal genauer an. Hier sind einige Möglichkeiten zu prüfen. Können Sie tippen? Dann können Sie sich eine Stelle als Schreibkraft suchen.

Haben Sie Spaß daran, exzellenten Kundenservice zu bieten? Dann sollten Sie als virtueller Assistent arbeiten! Haben Sie Spaß am Schreiben? Dann könnte eine Stelle als Werbetexter/in genau das Richtige für Sie sein!

Wie schnell werden Sie bezahlt, und wie sollte die Vergütung aussehen?

Werden Sie täglich, wöchentlich, zweiwöchentlich oder monatlich bezahlt?

Denken Sie daran, dass die Lohnskala für einige dieser Aufgaben nicht besonders groß ist, so dass Sie sich sehr anstrengen müssen, um so schnell wie möglich das benötigte Geld zu verdienen. Die nächste Frage, die Sie sich stellen müssen, ist, ob Sie bereit sind, die Arbeit zu erledigen. Wenn die Antwort nein lautet, können Sie Ihre Suche fortsetzen. Große Geldbeträge stellen für verschiedene Menschen unterschiedliche Dinge dar.

Wie viel Sie verdienen können und wie schnell Sie bezahlt werden, hängt von Ihren Fähigkeiten, Ihrer Arbeit und den Zahlungsmodalitäten ab. Für den einen sind 100 Dollar auf einmal Geld, für den anderen sind 1000 Dollar pro Woche viel Geld. Bei der Wahl der Antwort auf diese Frage müssen Sie bedenken, dass ein virtueller Assistent zwar gut bezahlt wird, aber auch viel Verantwortung trägt.

Versuchen Sie, was ich getan habe, wenn Sie innerhalb eines Monats schnell Geld brauchen. Ich verdiene heute mehr Geld als in meinem früheren Geschäft, und Sie können das auch, wenn Sie sich an die bisher besprochenen Ideen zum schnellen Geld verdienen halten.

Ich wünsche Ihnen viel Glück!

Management-Fähigkeiten für Führungskräfte.

1. Zeitmanagement für Manager
2. Mitarbeiter-Coaching für Manager
3. Teambildung für Manager
4. Selbstvertrauen für Manager
5. Verhandlungsgeschick für Manager
6. Kundenservice-Fähigkeiten für Manager
7. Durchsetzungsvermögen für Manager
8. Business-Knigge für Manager
9. Zuhörfähigkeiten für Manager
10. Führungsqualitäten für Manager
11. Kommunikationsfähigkeiten für Manager
12. Präsentationsfähigkeiten für Manager
13. Stressmanagement für Manager
14. Entscheidungsfindung für Manager
15. Konfliktmanagement für Manager.

Serie: Finanzielle Freiheit in jedem Alter.

- Finanzielle Freiheit in den 20ern erreichen
- Finanzielle Freiheit in den 30er Jahren
- Finanzielle Freiheit in den 40ern erreichen
- Finanzielle Freiheit in den 50ern erreichen
- Erreichen der finanziellen Freiheit in den 60ern
- Finanzielle Freiheit in den 70ern und darüber hinaus.
- Finanzielle Freiheit bei Kindern erreichen
- Finanzielle Freiheit bei Teenagern erreichen
- Finanzielle Freiheit bei Studenten erreichen.
- Finanzielle Betrügereien, vor denen man sich im Ruhestand in Acht nehmen sollte.

Serie: Persönliche Finanzen für Sie.
- ➢ Kauf und Verkauf von Kryptowährungen für Anfänger
- ➢ Warum es Sinn macht, in Dividendenaktien zu investieren.

Serie: Reichtum 2022.

- ➢ Online-Unternehmertum.
- ➢ Ihr eigenes Unternehmen gründen
- ➢ Vermögensverwaltung
- ➢ Passives Einkommen.
- ➢ 12 Schritte zur Gründung Ihres eigenen Unternehmens.

Serie: Ausgezeichneter Kundenservice.
- ➢ Exzellenter Kundenservice im Einzelhandel
- ➢ Exzellenter Kundenservice im Fast-Food-Bereich
- ➢ Exzellenter Kundenservice im Full-Service-Restaurant
- ➢ Exzellenter Kundenservice in der Lehre.
- ➢ Exzellenter Kundenservice in der Immobilienbranche
- ➢ Exzellenter Kundenservice in einem Call Center
- ➢ Exzellenter Kundenservice als Rezeptionist

- Exzellenter Kundenservice in einem Hotel
- Exzellenter Kundenservice im Verkauf
- Exzellenter Kundenservice in jeder Situation.
- Exzellenter Kundenservice in der Zahnarztpraxis
- Exzellenter Kundenservice in der Arztpraxis.

Serie: Schnelles Geld.

- Schnelles Geld in einer Woche
- Schnelles Geld an einem Wochenende
- Schnelles Geld in einem Monat
- Schnelles Geld für Studenten.

Serie: Wie man Werbung macht.

- Wie Sie Ihr Rezeptbuch promoten
- Wie Sie für Ihr Kinderbuch werben.

Andere Bücher von D.K. Hawkins.

- Wie Sie Ihr Unternehmen während einer Rezession zum Erfolg führen
- Mehrwerte für Kunden schaffen
- Erkennen von Möglichkeiten zur Steigerung des Cashflows.

Autor Bio

D.K. Hawkins. D.K. liest gerne persönliche Geschäftsbücher und verbringt Zeit in der Natur. Es werden noch mehr Bücher in dieser Sammlung erscheinen, also folgen Sie bitte auf Amazon für weitere Bücher.

Vielen Dank, dass Sie dieses Buch gekauft haben.

Ich weiß es wirklich zu schätzen und schätze Sie, meinen hervorragenden Kunden.

Gott segne Sie.

D.K. Hawkins.

www.ingramcontent.com/pod-product-compliance
Lightning Source LLC
Chambersburg PA
CBHW070236220526
45465CB00004B/1433